ビジネス文・論文・レポートの文章術

明確な文章の書き方 基本ルール

早稲田大学名誉教授
東京電機大学客員教授
教育学博士

篠田義明

南雲堂

まえがき

本書で、わかりやすい日本文の書き方を勉強し、楽しい日々を過ごしましょう。

　ビジネス文・論文、レポートなどは名文でなくてよい。読み手にとって理解しやすい文章であればいい。読み手を感動させるような文章や名文は、むしろビジネス文や論文やレポートには向かないと思ったほうがよい。文学やエッセイで必要とされるような名文を書くには、生まれつきの才能が必要とされる。しかし、わかりやすいビジネス文や論文、レポートを書くには才能は必要ない。すこしばかりのルールを身につけるだけでよい。基本となるルールが身につけば、誰でもそんなに苦労しないで、しかも速く、わかりやすい文章が書けるのである。

　私たちは、どんなに立派な考えを持っていても、どんなに立派な研究をしても、どんなに立派な仕事をしても、書いて発表しなければ誰も認めてくれない時代に生きている。コンピューターや携帯電話が不可欠になってきて、たしかに紙は不要になったかもしれないが、文章を書く必要性はますます高まっている。

しかし、某週刊誌の調査によると、残念なことに、最近の学生やビジネスマンや研究者は「日本語での表現力の低下。文章を書かせたときの総合的な表現力のなさ」が目立つという。しかも、文章力に問題があるのは、私の見るところ、若い人だけに限らない。年配の人にも、きちんと書けない人はけっして少なくない。

ここで言う「ビジネス文」とは、具体的にいえば、レポート、報告書、稟議書、提案書、企画書、カタログ、マニュアル、契約書、通信文などである。論文にも、まとめ方にルールがあり、それを無視しては認められない。これらの文章は、人に読んでもらうことを前提にしているので、一読しただけで読み手が正確に理解できることが必須である。読みにくい文章で、ただでさえ忙しい現代人の時間をいたずらに奪うことは許されないのである。

わかりやすい文章を書くということは、コミュニケーション技術の一つである。国際化、ICT化が進むなかで、コミュニケーション技術を身につける必要性はますます高まり、私たちは、書きたくなくても書かなければいけない世の中にいる。したがって、わかりやすい文章が書けるかどうかは、その人の人生を左右するといっても、けっして過言ではない。

では、わかりやすい文章を書くにはどうしたらいいのか。川の水が上流から下流へと自然に流れるように、ビジネス文、論文やレポートでは論旨が自然に流れていくことが大事だ。つまり、論理的に構成され、読み手が誤解したり、「もしかしたら、こうなのだろうか」と混乱したり、推論する必要が生じないように注意して書けばいいのである。

　こういうと、何か難しそうに感じられるかもしれないが、こうした文章は、「書き方のルール」さえマスターすれば、誰にでも書ける。これは才能ではなく、技術の問題である。

　たとえば、私などは、日本人が日本語で書いた論文を読むと、何が言いたいのか理解できずにイライラさせられることがあるが、アメリカ人が英語で書いた論文だと、そうした苦痛を覚えることは、まずない。論理的で、理解しやすいのである。ビジネスレターなども同じで、アメリカ人が書いたビジネスレターには、「もしかしたら、こういうことだろうか」という推論が生じる余地がほとんどない。

　というと、英語は論理的に書くのに適した言語であり、日本語はそうではないと言う人がいるだろうが、けっしてそうではない。アメリカの教育では、「わかりやすく書く」というトレーニングが重視されており、大学でも論文やレポートを書くためのトレーニングが徹底的に行なわれる。

彼らはそうしたトレーニングによって「書き方のルール」を身につけているから、わかりやすい文章が書けるのである。このことを、ミシガン大学でテクニカル・ライティングを学んだときに私は実感した。要は、日本語でも同じことが言えるのだ。

「書き方のルール」さえマスターすれば、誰でもわかりやすい文章が書けるようになるだけでなく、次のような効果も期待できる。

- 仕事の手順がよくなる
- 人から信頼される
- 創造的能力が養われる
- 自分の思考が体系化できる
- 発表能力が伸びる
- 時間の節約ができる
- イライラしなくなる

わかりやすい文章が書けると、コミュニケーション能力が高まるだけでなく、仕事の効率化、頭脳の活性化、創造性の養成にもつながるのである。

また、複雑化の一途をたどる電気製品や機械類に囲まれた生活をしている現代、メーカーは製造物に責任を持たなければならない時代になっている。文章の拙さから予想も

しなかった事故が起こり、訴訟に持ち込まれないともかぎらない。こうした事態を未然に防止するのも、文章以外には考えられない。文章力は企業の凋落にもかかっているのである。

この本では、現代人に必須と思われる「書き方の基本ルール」をまとめた。この本で、ビジネス文や論文やレポートの骨格をしっかりと築き上げ、臆することなく文章が書ける自信につながれば幸いである。

本文で例を示すにあたって、多くの本や雑誌などを参考にさせていただいたこと、出版にあたり、南雲堂の岡崎まち子氏、加藤敦氏にご助力を頂いたことに、厚く御礼申し上げる。

なお、本書では「ビジネス文・論文・レポート」を簡略化して「実用文」と表記することにする。

2019 年 1 月
篠 田 義 明

目次

まえがき

1章 知っておきたい不可欠の要素　15
1.1 用語の種類と選択　15
1.1.1 機能語　16
1.1.2 内容語　17
1.1.2.1 基本語　17
1.1.2.2 準専門用語　18
1.1.2.3 専門用語　19
1.2 気を配りたい論理構成　19
1.2.1 配列順序　20
1.2.1.1 重要度順　21
1.2.1.2 時間順　21
1.2.1.3 空間順　21
1.2.1.4 アイウエオ順　22
1.2.2 文構成　22
1.2.2.1 短文結合　23
1.2.2.2 一文一概念　24
1.2.2.3 段落構成　26
1.3 見直したい日本語文法　27
1.3.1 学校文法　28
1.3.2 生成文法　28
1.3.3 伝達文法　31

1.4 意外に大切な形式	35
1.4.1 手紙	36
1.4.2 Eメール	37
1.4.3 ファクシミリ（FAX）	37
1.4.4 社内レポート	38
1.4.5 論文	38
2章　わかりやすい文章に欠かせない言葉の選択	39
2.1 具体的な名詞を使う	40
2.2 専門用語は取り扱いに注意する	41
2.2.1 専門用語は別の言葉に置き換えない	43
2.3 わかりにくい言葉は定義する	44
2.3.1 わかりにくい言葉は定義のあとに実例を示す	47
2.4 説明が長い言葉は同義語や反意語で示す	49
2.5 難解な事柄は読み手が知っている「例」で説明する	51
2.6 「これ」「それ」などは具体的な言葉で表現する	53
2.7 代名詞ではなく「代示」を使う	54
2.8 動詞は名詞との相性を考えて選ぶ	56
2.9 あいまいな形容詞や副詞は実用文には向かない	57
2.10 接続詞は少ないほうが文章が引き締まる	59

2.10.1 「そして」「さらに」などの接続詞は、
　　　別の言葉で置き換えてみる　　　　　　　61

3章　ちょっとした手抜きが文章全体をダメにする　65
3.1　書いたら、かならず読み返す習慣をつける　66
3.2　「もの」や「こと」は明確な語に置き換える　67
3.3　「など」は最小限にとどめる　69
3.4　「考えられる」は無意味なことが多い　71
3.5　カタカナ語、英語はできる限り避ける　73
3.6　俗語・若者用語・流行語は品位を落とす　76
3.7　「〜的」「〜性」という言葉はできるだけ除く　78
3.8　読点は必要と思えるところに打つ　79
3.9　同じ助詞は、できる限り繰り返さない　82
3.10　漢字が5字以上続くときは助詞や動詞を入れてみる
　　　　　　　　　　　　　　　　　　　　　　84
3.11　同音異義語を確認する　87
3.12　類語の重複に注意する　89
3.13　修飾する語は修飾される語の近くに置く　91
3.14　修飾語句が続くときは、
　　　　短いほうを修飾される語に近づける　93
3.15　読み手にとって重要な順を優先する　94

3.16 敬語の使い過ぎに注意しよう　　　　　　　　96
3.17 紋切り型は実用文には不向き　　　　　　　　98
3.18 事実と意見は区別する　　　　　　　　　　100
3.19 「6W1H」で内容を確認する　　　　　　　　101
3.20 読み返すとき「だから、どうした」と考えてみる
　　　　　　　　　　　　　　　　　　　　　　104

4章　文章のわかりやすさは構成法で決まる
　　　実用文の最大のポイント　　　　　　　　　107
4.1 一文は40字前後にする　　　　　　　　　　108
4.2 各段落をつなぐときは「繰り返し方式」を使う　110
4.3 場合によっては箇条書きにしたほうがいい　　111
　4.3.1 箇条書きの項目が多いときはグループに分ける
　　　　　　　　　　　　　　　　　　　　　　113
4.4 語句を列挙するときは内容や形を同じにする　115
4.5 反論が予想されるときは、
　　　前もって、その反論に反論をする　　　　　117
4.6 最初に示した事柄には必ずふれる　　　　　　119
4.7 印象づけたいことは段落の最初と最後で繰り返す
　　　　　　　　　　　　　　　　　　　　　　121
4.8 すべての文章に主語を入れてみる　　　　　　122
4.9 「一文一概念」に徹する　　　　　　　　　　124

4.10「一段落一話題」に徹する 126
4.11 段落構成には3つのパターンがある 127
 4.11.1 並列型 129
 4.11.2 直列型 131
 4.11.3 並直混載型 134
4.12「起承転結」は実用文には不向き 136
4.13 段落は総論（結論）から始める 138
 4.13.1 総論も具体的に書く 140
4.14 各論の並べ方に注意する 142
4.15 序文、本文、結論の構成がわかりやすい 144
 4.15.1 序文では必ず「目的」を書く 145
  4.15.1.1「目的」には2つあり、
   問題点をはっきり書く 146
4.16 見出しにつける記号は統一する 148

5章 明確な文章を書くための8つの基本公式 151
5.1 報知のパターン 152
 5.1.1 文章展開の公式1 分析法 153
 5.1.2 文章展開の公式2 記述法 154
 5.1.3 文章展開の公式3 プロセス・因果関係・指示 157
 5.1.4 文章展開の公式4 調査研究 159

5.2　説得のパターン　　　　　　　　　　　　　　　161
　　5.2.1　文章展開の公式5　説得法　　　　　　　162
　　5.2.2　文章展開の公式6　問題・解決法　　　　164
　　5.2.3　文章展開の公式7　原因・結果法　　　　166
　　5.2.4　文章展開の公式8　比較／対照法　　　　169

実用文のチェックポイント10　　　　　　　　　　　172

1章
知っておきたい不可欠の要素

　実用文の書き方は、決まったルートで富士山に登るようなもので、一定の約束事がある。したがって、この約束事を知らないと、独りよがりの文章になってしまい、コミュニケーションが成立しないことになる。コミュニケーションを成立させるには、書き手が伝えようとした趣旨・内容が、読み手に、ほぼ同じ趣旨・内容で受け取られなければならない。

　そこで、的確に内容を理解してもらう文章を書くには、まず「用語」「論理構成」「文法」「形式」の四つの要素について正しく理解する必要がある。

1.1　用語の種類と選択

　実用文は例外なく、データで成り立っている。満足なデータがなければ、いくら書こうとしても、何も書けない。コンピューターも、何もインプットしなければ何も出てこないのである。実用文では、まずデータありきだが、このデー

タを構成している大切な要素が、実は「用語」（単語）なのだ。「人生における成功は単語力にあり」といっている人もいるくらいである。

単語は、将棋のコマにたとえることができよう。一つでも多くのコマを持っている棋士が有利だと言われているように、一つでも多くの単語を身につけている人のほうが、わかりやすい文章が書けることになる。ここでは専門用語も含めるため、便宜上、用語といっているが、この用語は「機能語」と「内容語」に大別される。

1.1.1 機能語

付属語ともいうが、一文中で、単語を結んだり、指示〔命令〕したり、動詞の意味内容を補助したりする助詞（「～の」「～が」など）や、助動詞（「～ない」「～ます」など）を機能語という。機能語は、単独では文節が構成できない。

これらの機能語の知識は、たくさん持っていたほうがよいのは当然だが、実用文を書くにあたっては、学校や日常生活で自然と身につけてきたものでよい。この知識を振りまわしすぎると、「あの人は文法マニアだ」などと言われて嫌われるのがオチである。

1.1.2　内容語

ここでいう内容語とは、自立語ともいい、ある意味内容を一語で表わすものである。用語の選択にあたっては、内容があいまいな単語は避け、「一語一義」(One word・one meaning)[篠田の造語]を、心がけることが最大のポイントとなる。なお、この「一語一義」については、あとで詳しく解説する。内容語は、「基本語」「準専門用語」「専門用語」の三つに大別できる。

1.1.2.1　基本語

基本語とは、高校までの過程で身につけた単語のことである。報道用基本語、文学用基本語、法律基本語などではない。これらの各基本語は、それぞれ準専門用語、専門用語に含めたい。

中学・高校までで習得した、ここでいう基本語については、すでに一応は学習をし、日常生活でも頻繁に使っているので、たいていの人は、さほど苦労をしないで使っている。しかし、これの中にも間違いやすい単語や、内容が曖昧で幾通りかの解釈ができる単語があるから、注意が必要である。

1.1.2.2 準専門用語

　使われ始めたときは専門家しか使っていなかった単語が、やがて日常生活にも浸透してきて、この語を使わないとしっくりしなかったり、教養の程度が疑われたりするような言葉が準専門用語である。たとえば、「不良債権処理」「実売価額」「送金為替」「経営破綻」「汎用機械」「多国籍企業」「ビッグバン」など枚挙にいとまがない。

　準専門用語を使うときに厄介なのは、これらとともに使う形容詞、動詞である。例をあげてみよう。

◇「大手銀行が不良債権処理を<u>加速させよう</u>と手さぐりし始めた」

◇「現時点で実売価額を<u>把握している</u>のは、土地の譲渡所有者からの申告を受ける税務署や土地売買を<u>仲介する</u>不動産業者などである」

◇「携帯電話などに一方的に<u>送り付ける</u>迷惑メールを規制する迷惑メール防止法に違反したとして、……東京都内の会社役員の男性に是正を求める<u>措置命令を出した</u>」

　下線部は、その文中の準専門用語とともに頻繁に使われる準専門用語とセットになったもので、こうした表現があることは頭に入れておいたほうが良い。

1.1.2.3　専門用語

専門用語は、専門外の人間にとっては一種の暗号のようなものだが、同じ分野の専門家同士では便利に使われる。これを使わないと、ダラダラと説明することが必要になってくるからである。専門用語は、それぞれの分野で決まっているので、わからなければ専門用語辞典できちんと調べることを勧める。当て推量で不正確な表現をしたりすると、読み手を混乱させるだけである。

また、専門外の人が読む文章に専門用語を使うときは、その用語が何を意味しているのか、内容を説明する必要がある。ある特定の業界内や特定のグループ内だけで通用する、いわゆる業界用語も、部外者が読むものには使うべきではない。

なお用語については、国語辞典、類語辞典、専門用語辞典などで調べる習慣をつけておくとよい。

1.2　気を配りたい論理構成

データを集め、単語をチェックし、さあ書こうとしても、なかなか書けないという人が多い。これは、データや単語が頭の中できちんと整理されていないからで、そのために、どこから書き始めていいかもわからなかったりする。その

点、論理構成を身につけておくと、このような悩みが解消できる。

ここでいう論理構成とは、相手が期待しているような道筋で、思考、推理、議論などを進めていく方法である。ちょうど川の水が高いほうから低いほうへと流れていくように、文章にも自然な流れがある。これを無視して自分勝手に書かれては、読み手も混乱し、内容が理解できないことになる。これでは読み手に迷惑をかけるだけでなく、誰も相手にしてくれなくなるが、私の見るところ、この論理構成をきちんと意識して書いている人は実に少ない。というか、論理構成には基本的なルールがあることを知らない人がほとんどである。

ここでは、読みやすい論理構成にする基礎となる「データの配列順序」「文構成」「段落構成」について概略を述べておく。

1.2.1 配列順序

まずは、データを列挙する方法である。データは、ただたんに並べればいいというものではない。順序が重要なことは、会議などで自分の名前が期待していた順序で呼ばれないと、誰でも不愉快になることからもわかろう。場合に

よっては、国際問題にも発展しかねないのが、この順序である。文章を書くときに検討すべき配列順序は「重要な順」「時間順」「空間順」「アイウエオ順」である。

1.2.1.1　重要度順

　データを列挙するのに、まず考えるべきなのは「重要度順」に並べることである。多忙な読み手は、文書を最後まで読み通してくれるとはかぎらない。そこで、重要なことから順に述べれば、途中までしか読まなかったとしても、大切なことは読み手に伝えることができる。

1.2.1.2　時間順

　では、重要性がすべて同じ場合はどうなるのか。重要性が同じデータを列挙するときは、時間順に従うことだ。料理の仕方、道順などを説明するときなどがその例である。実験法、機械の操作法、製造法などの説明も時間順に書かなければならない。

1.2.1.3　空間順

「重要度順」「時間順」とは別に、「空間順」がある。この方法は、表や図の説明、物体の説明に使用されている。た

とえば、表の説明は、まず、いちばん上の欄を左から右へと説明し、その方法で上から下へと進む。日本地図も、北海道、本州、四国、九州、沖縄と上から下（北から南）と説明するのが普通である。

空間順には、ほかに、時計の針の回る方向とか、内から外へ、あるいは遠から近へ、などもある。

1.2.1.4　アイウエオ順

アイウエオ順は、議事録などで出席者を列挙するときや、重要性が同じで、時間順に並べなくてもよい出席者名簿などに利用される。

1.2.2　文構成

よく辛口のスピーチで、「女性のスカートとテーブルスピーチは短ければ短いほどよい。しかし重要なところはカバーされなければならない」という人がいる。一文の長さも、あまり長いと読み手をうんざりさせ、肝心の内容がうまく伝わらなくなる恐れがある。読みやすい、つまり理解しやすい文章は、一文が40字ぐらいが適切とされている。しかし、論文などのように格式ばった場合は、25パーセントほど長くなり、反対にEメールなどでは25パーセン

トほど短くなる傾向がある。

また、理解のしやすさを考えると、「一文一概念」（One sentence・one idea）[篠田の造語] に徹して文章を書いていくことも重要なポイントである。

1.2.2.1　短文結合

一文は、短ければ短いほうがよい。そのほうがわかりやすいからである。といっても、短文をつらねただけでは、わかりやすい文章にはならない。文同士をお互いに関連づけなければ、赤の他人のように孤立してしまうからである。短く切りとられた文は読みやすくても、読んだあとで頭に残らないことが多い。たとえば、

◆「彼はとても親切だ。皆から好かれている」

この二文からなる文章の場合、お互いの関連がない。文は適切に結ばれていなければ連結器から離れた列車のようで、あとの車両は前の車両についていけない。この文も、「皆から好かれている」が、「彼はとても親切だ」についていけないのである。

この場合、「彼はとても親切だ。だから皆から好かれている」としてもいいが、これではダラダラしてしまりがない。そこで、

◇「彼はとても親切で皆から好かれている」

のように結ぶと、二文の関係が密接になる。このように、二つ以上の短文を一つの文にまとめることを「短文結合」と私は呼んでいる。

1.2.2.2　一文一概念

　ダラダラして、まとまりのない長文は読んでいてイライラする。文がダラダラと長くなる原因の大半は、「……が」「……ので」「……しており」のような接続助詞で、文をつないでいくことにある。こうなると、一文の中でいろいろなことを説明することになるので、読み手は要点をつかみにくくなってしまうのである。

　たとえば、豪華マンションに住む商社マンについて説明する文を考えてみよう。

◆「彼は商社マンだが、豪華マンションに住んでいる」

　うっかりこう書くと、商社マンは豪華マンションに住めないことになる。書き手にはそんなことを言うつもりはないかもしれないが、この文からは、そう受けとめられてもしかたがない。「商社マンであること」と、「豪華マンションに住む」こととは、本来、なんの関係もないことである。それを一文で伝えようとすると、こうした思わぬ誤解も生

じるのだ。この場合は、「彼は商社マンで、豪華マンションに住んでいる」でいいが、お互いに内容が異なる文は「彼は商社マンだ。豪華マンションの住人でもある」というように表現を少し変えて分けたい。

　この「一文一概念」については、あとの章で詳しく説明するが、とにかくダラダラと続く長い文は、内容があいまいになりやすいので注意したい。

◆「〇〇社は新しい焦点方式のデジタルカメラを開発したので、昨年秋から、アメリカのジョンソン社がこの種のカメラの試作にはいっており、同社と組んで海外市場を開拓する方針を決めた」

　この書き方だと、まず文が長すぎる。それに「同社」が、「〇〇社」か「ジョンソン社」かがわからない。そこで、「〜ので」や「〜ため」を使わないで、次のように短文で表現してみる。

◇「新しい焦点方式のデジタルカメラを開発した〇〇社は、海外市場を開拓する。昨年秋から、この種のカメラの試作に入っているアメリカのジョンソン社と組んで開拓する方針を決めた」

　このように書き換えると、文がすっきりして、わかりやすくなる。

1.2.2.3　段落構成

　いくつかの文が集まって、一つの段落(パラグラフ)を構成する。この段落の重要性について説明した日本語の書き方の本は、まだ少ないようだ。しかし、実用文では段落が大切な働きをするので、段落構成の意義を把握しておく必要がある。

　段落構成は、「一段落一話題」(One paragraph・one topic) [篠田の造語] が基本である。つまり、一つの段落が一つの話題によって統一されていることが大事である。話題が変われば、段落を変えることになる。

　つまり、実用文では「一語一義」で単語を選択し、「一文一概念」で文を書き、「一段落一話題」で段落を構成していく。さらに、「一文書一テーマ」(One document・one purpose) [篠田の造語] で、一つの文書は一つのテーマでまとめる。このことを頭に入れておくだけでも、文章がぐっと明快になるはずである。

　また、実用文では、一つの段落の中は、総論(要約文)から各論へと構成することが望ましい。この場合、各論とはデータのことで、集めたデータから総論をつくることになるが、実際に文章にするときは、通常は、「**総論→データ**」の順にする。各段落の最初にくる総論を読むと、その段落

の内容が先取りできるので、読み手もその段落の内容が理解しやすくなる。なお、各段落内のデータ（各論）の配列順序は、重要な順か、時間順か、空間順か、アイウエオ順のいずれかで統一をとる。

　段落がいくつか集まって一つの文書ができあがるが、その展開法（段落の並べ方）としては、「並列型」「直列型」「並直混載型」がある。よくいわれる「起承転結」は、漢詩の構成法の一つだから、実用文には向かない。これらの詳細については、あとで説明する。

1.3　見直したい日本語文法

　見出しの「日本語文法」という表現に違和感を抱く人もいるかもしれない。従来は「国文法」と呼んでいたが、「国文法」ではどこの国の文法かわからないし、封建的な響きがするというので、平成15年（2003年）から「日本語文法」と呼ぶようになった。

　文法とは、文章を構成する決まり、文章の規範である。私たちは自分の考えを人に話したり、文字で書いたりするには、言葉の並べ方や切り方などの決まりに従わなければならない。この決まりを無視すると、自分の思っていることを相手に正確に理解させることができないことになる。

この決まりを文法という。この文法にも「学校文法」「生成文法」「伝達文法」などがある。

1.3.1 学校文法

学校文法は、中学校や高等学校で教える文法を指す。手もとの『中学国文法』から目次をあげてみよう。
「文と文節、単語、単語の分類、名詞、動詞、形容詞、形容動詞、補助用言、副詞、連体詞、接続詞、感動詞、助動詞、助詞、文の種類、敬語法」
といったところだが、実はこれらをいくら勉強しても達意の文章は書けない。また、これらの文法書は段落構成などにはまったくふれていないので、文章を書くときの論理構成法などの参考にはならない。ただし、文章を書いていて、次に述べる「生成文法」に疑問を生じたときに、それを解決するための役に立ってくれる。

1.3.2 生成文法

生成文法とは、人間の成長過程で自然に備わった言語能力を使って文章を構成する決まりであって、文章を書くときには、この生成文法が大綱(たいこう)を決定する。とにかく、文法などということを意識せずに身につけてきた文法だから、

言葉の違いや利用法について質問されても、正しく答えられないのが普通である。

　たとえば、日本語を勉強している外国人から、
「日本語の文章の主語には、『が』と『は』がつくと参考書に書いてありますが、『が』と『は』の違いを教えてください」
　と聞かれたとき、何人の日本人が、相手が納得するように答えられるだろうか。

　あるいは、
　Ａ「永田町に国会議事堂がある」
　Ｂ「永田町に国会議事堂はある」
　どちらが正しいですかと聞かれると、ほとんどの人がＡと答えるだろう。しかし、なぜＡが正しいのか、その理由を聞かれると、今度は明確に答えられない人が多くなる。このように、人間が成長する過程でおのずと身について、ほとんど正しく使える文法を、私は「生成文法」と呼んでいる。

　この「が」と「は」の使い分けは、昔話の『ももたろう』で説明できる。なお、日常的なコミュニケーションの場で文法に関連した疑問が出てきたときは、『ももたろう』を思い出すと参考になることが多い。

◇「むかし、むかし、あるところに、おじいさんと、おばあさん**が**、すんでいました」

で『ももたろう』は始まっている。ここでは「が」である。次が、

◇「おじいさん**は**、やまへ、しばかりに、おばあさん**は**、かわへ、せんたくに、いきました」

で、「は」が出る。

つまり、最初にあげるときに「が」を使い、それを次に受けるときに「は」になる、と説明することができる。しかし、そうすると、

「この本は誰が書いたの」

を受ける答えは、「は」ではなく、

「私（彼）「**が**」書きました」

のように「が」だが、その違いを説明してほしいとせがまれる。たしかに、ここでは「誰が」を受けるのは「が」であり、「は」ではない。

同じ例は『ももたろう』にもある。

◇「ももたろう**が**、ひとり、ずんずん、あるいていくと……」

の「が」である。

これは「おじいさん」でも「おばあさん」でもなく、「も

もたろう**が**」と言いたいのであって、強調の「が」といってもよい。

「日本**が**コンピューターでは世界をリードしている」

の「が」である。

1.3.3 伝達文法

　私は、長年、大学では実用的な英語の書き方を指導してきたが、「文法不要論」を今までに何度も耳にしてきた。昭和57年（1982年）度から高等学校の英語で英文法の教科書が用いられなくなった。ほんとうに文法の学習は不要なのだろうか。「英文法など必要ない」というとき、その中身をほんとうに議論したのだろうか。きちんとした議論がなされず、「英文法学習不要論」だけが一人歩きしているせいか、現在の学生たちも、20代、30代の会社員も、あまりにも英文法を知らないのには唖然（あぜん）とする。

　日本語の文法にも同じことがいえる。たとえば、「体言」「用言」といった日本語の文法用語さえ知らないで大学を卒業する学生が多くなっている。日本語の乱れや、通じる実用文が書けないという現象が生じている原因はここにある、と言っても過言ではない。

　不完全な生成文法しか身につけていないと、友人同士の

会話や私的なEメールなら事足りても、仕事の場での会話や文章ではそうはいかない。とはいえ、社会人になった人たちに、今さら学校文法の勉強をしなさい、と言っても無理な話だろうし、前述したように、学校文法は実用文を書くのにあまり役に立たない。そこで提案したいのが、私の言う「伝達文法」を勉強することだ。

　伝達文法とは、コミュニケーションを中心とした文法と定義する。むずかしい文法理論を振り回すのではなく、また専門的な文法用語を使用する必要もないが、教養ある人なら誰でも身につけておきたい日本語文法である。正しい日本語を育てる、いわば、日本語の再発見にも役立つ文法である。正しい日本語が見えてくる書き方の法則とも言える。この本は、そのような観点に立脚している。

　たとえば、「が」と「は」の違いを説明するときには、中学校の英語で習った、次のような例で説明が明快にできる。

There is a book on the table.

は、「机の上に本**が**あります」といい、

The book is thick.

は、「その本**は**厚い」という日本語になる。

　つまり、この例から、英語の不定冠詞の〔a〕が「が」

にあたり、定冠詞〔the〕が「は」にあたる、と大づかみな結論が出せる。

英語の不定冠詞の多くは、最初に出てくる可算名詞につく。同様に、日本語でも最初にあげる名詞に「が」をつけ、その名詞を説明するときは「は」になる、という説明法が伝達文法なのである。

先に例にあげた『ももたろう』も、冒頭部を英訳すると、
Once upon a time, **an** old man and **an** old woman live ....
The old man goes ....

となり、この考え方で、ちゃんと「が」と「は」を区別できる。

「が」と「は」の区別についての話が長くなってしまったが、伝達文法では、それがなぜ文法的に正しいかという説明よりも、文章を書くときに文法知識をどう生かすかという実用面に重点を置いている。だから、日本語文法の説明でも、場合によっては、このように英語の例で説明することもある。その意味では、文法学者の説明とは異なってくることもあるが、あくまでもコミュニケーションをとるための手段としての文法だから、学問的な面にはそれほどこだわらないのである。

伝達文法のポイントは、読み手が疑問を抱くのを防ぐこ

とにある。読み手が疑問を抱くのは、文章が不完全だからであり、書き手の意図がうまく伝わらないからである。たとえば、

◆「お金を落としました」

この文は、二つ疑問が出るから不完全である。一つは「いつですか」であり、もう一つは「だからどうしたのですか」である。

まず「いつですか」についてだが、実用文では、日時、期間などを明確にしておかないと用をなさない、と言ってよい。たとえば、過去のできごとを記すなら、そのできごとがいつ起こったかによって、当然、対応も異なってくるからである。

この場合は、

◇「今朝、お金を落としました」

とすれば、「いつですか」の質問が出ない。つまり、過去には「過去を意味する副詞をつける」という法則が成り立つことになる。

もう一つの質問「だからどうしたのですか」に対応するのが、「原因・結果」の法則である。

◇「今朝、お金を落としたので、1,000円ほど貸していただけませんか」

実用文は、読み手がなんらかの行動を起こすことを目的としていから、原因を記したあと、その結果「ここでは、お金を貸してほしいという希望」を述べることで、用をなすのである。

　では、次の文はどうだろう。

◆「図1ではベルの構成を示した」

　このような書き方を散見するが、これも「だからどうなのですか」の質問が出る文章だ。「図1では……を示した。図2では……を示した」と一つずつ列挙するならよいが、「図1ではベルの構成を示した」だけで書き始めて、そのまま終えてしまっては、読み手は、その図から何を読みとればよいのかが明確ではないから戸惑ってしまう。質問が出ない書き方は、「ベルは音を出すことにより動物に合図をする電気機器である」と概要を述べたうえで、次に「ベルはゴングと、ハンマーと、電磁石で構成されている（図1）」の様式で書くと、読み手から質問が出ない。この書き方は、「文章展開の公式2　記述法」で詳述する。

1.4　意外に大切な形式

　実用文では、ほとんどの場合、形式が決まっている。形式化というと、とかく無味乾燥で、内容がないものという

イメージがあるが、実用文の形式は、書き手、読み手の双方の負担を軽くし、さらには必要事項の書き漏れをなくすという意味でも重要である。この形式を無視した（あるいは知らない？）実用文というのは、個人的というより、内容に欠陥があるものがほとんどだと言っても、けっして間違いではない。実用文では、内容に気を配るのは当然だが、形式にも注意を払うことを忘れないでほしい。

1.4.1 手紙

人間の顔と同じように、手紙には手紙の顔、つまり守るべき形式がある。

社外文の多くは、「拝啓」で始まり「敬具」で終わる。「前略」なら「草々」で終わる。また、挨拶を済ませて用件に入るときは、行を変えて、「さて」と区切りをつける。こうした形式に沿って書いていけば、何から書き始めたらいいのかと悩むこともないし、また読み手への礼を失することも防ぐことができる。読み手も、その手紙が伝える内容は「さて」以下にあるとわかるので、効率よく内容を知ることができる。

これに対して、社内宛の手紙では、「拝啓」のような冒頭語はまず使わず、いきなり用件から書き始めるのが普通

である。社内文には、それぞれの会社で決まった形式を用いているので、それに従ったほうがよい。形式が統一されていると、ファイルしたりするときにも便利である。

1.4.2 Eメール

昨今、急速に利用されるようになっているのがEメールである。この形式も、社内でほとんど決まっているので、決まった方式に従うほかない。しかし、件名の書き方、「記」で始まり「以上」で終わる書き方などの基本ルールは身に付けおいた方がいい。件名で「AB社より連絡」と「〜より」と書く人が多いが「〜より」は比較を意味するので「AB社からご連絡」と「〜から」が正しい。

1.4.3 ファクシミリ（FAX）

現在では殆どの場合、Eメールにとって代わっているが、まだ状況によりファクシミリが使われる機会が多い。即座に送受信できるので、ファクシミリは便利である。必要項目として、日付、宛先、発信人、件名はかならず書く。この様式も、会社では、決まった形式に従うほうが良い。

1.4.4　社内レポート

社内で決まった形式があれば、その方式に従うほかない。なければ、序文、本文、結論の形式が基本である。
「4.15.1 序文では、必ず「目的」を書く」を参照。

1.4.5　論文

提出する論文では提出先の研究誌で、ほとんど決めているので、その形式に従わなければならない。しかし、ほとんどの論文は「抄録（アブストラクト）」「序文」「本文」「結論」の順になっている。

「抄録」では論文の概要を説明するので「目的、方法、結果、結論」を書くのが必須である。

「序文」の書き方は「4.15.1 序文では必ず「目的」を書く」を参照。「本文」の論理構成は「5章 明確な文章を書くための8つの基本公式」を参照。

2章
わかりやすい文章に欠かせない言葉の選択

　作家は、読み手の眼前に情景が浮かぶように、できる限り具体的な単語を選ぶように努力する。川端康成の『伊豆の踊り子』の有名な冒頭部をあげてみよう。

　「道がつづら折りになって、いよいよ天城峠に近づいたと思う頃、雨脚が杉の密林を白く染めながら、すさまじい早さで麓から私を追って来た。

　私は二十歳、高等学校の制帽をかぶり、紺飛白の着物に袴をはき、学生カバンを肩にかけていた」

　「つづら折り」「天城峠」「雨脚」「杉の密林」「麓」「二十歳」「高等学校の制帽」「紺飛白の着物」「袴」「学生カバン」というような明確な言葉の選択が目を引く。このように具体的な言葉を使うほど、眼前に状況が浮かんでくるといえよう。

　作家が言葉の選び方に努力を払うのと同じように、実用文を書くときも言葉選びには注意が必要だ。いいかげんに言葉を選んでいると、伝えたいことも伝わらなくなって

しまうからである。1章でも用語についてふれたが、この章ではさらに踏み込んで、「一語一義」（One meaning in one word）に徹した、わかりやすい実用文を書くために必要なルールをお話ししよう。

2.1 具体的な名詞を使う

論理的な構成ができていても、使われている言葉があいまいだと、明確な文章にはならない。そこで大切なのが「一語一義」というルールだが、これを具体的に言えば、まず抽象度が高い言葉は実用文では避ける、ということがある。

たとえば、酒屋さんで「ワインをください」と言っても、店員は当惑するだけだろう。今はちょっとした酒屋さんでもさまざまな銘柄のワインを置いているので、ただ「ワイン」と言われても、店員は何を売っていいかわからないからである。

このように、「ワイン」という名詞で指すものが、酒屋さんにはいろいろある。言ってみれば、酒屋さんでは「ワイン」は抽象度が高い言葉なのである。そのために、店員は当惑するのだが、この場合、具体的に銘柄を言えば、もちろん、文句なしに通じる。つまり、自分の考えを相手に正確に伝えたいと思ったら、抽象度の高い名詞は避けて、

できるだけ具体的な名詞を使う必要がある。

　実用文は正確さをモットーにするので、つねに言葉の選択には注意する必要がある。たとえば、部下の報告書にこんな一文があったとする。

◆「出張先では、雨が降っていたので調査できなかった」

　私が上司だったら、こんな報告書は突っ返すだろう。ただ「雨」といっても、どんな雨だったかわからないからである。「現地は大雨だったので」とか「たまたま現地で台風〇号にぶつかったため」とか具体的に書けば、上司も納得する。例文の場合、納得しないばかりか、「こいつ、サボったんじゃないか」と疑われてもしかたがない。

　日常会話では、しばしば意味のあいまいな名詞が使われる。たとえば、「父は会社に勤めています」と言ったとき、これでも、ああサラリーマンなんだな、とわかるから、いちおう納得はする。しかし、実用文がこんな調子では困る。「会社」なら、少なくとも何を社業にしているかがわかるような具体的な名詞を使う必要がある。

2.2　専門用語は取扱いに注意する

①「九回裏、一死走者三塁で、投手が投球すると同時に走者が走り、打者がバントをして走者を迎え入れ、

決勝点をあげた」
②「九回裏、一死走者三塁でスクイズを決め、決勝点を
　　あげた」

　この二つの文を読んだとき、スポーツ新聞を読むような野球ファンなら、②のほうがわかりやすいだろう。「スクイズ」という野球用語を知っているからである。①のように説明されると、かえってわかりにくい。

　実用文も同じで、すでに定着した"専門用語"があれば、それを使うことだ。自分勝手に造語したり、別の言葉で言い換えるのは禁物である。「スクイズ」の例のように、内容が理解しにくくなることもある。もし、読み手が知らない言葉かもしれないという不安があるときは、最初にその言葉の意味を定義しておくといい「2.3　わかりにくい言葉は定義する」を参照）。その際、国語辞典などが参考になろう。

　ただし、自分が知っているからといって、まだ定着していない専門用語を使うことは、避けたほうがいい。とくに技術者の書いた文章には、専門用語を羅列したものが少なくない。技術者同士の仲間うちなら、それでも通用するかもしれないが、企業の技術関係のレポートなどは、他の部署の人間も読む可能性がある。そんなとき、部外者にはわ

けのわからない専門用語が並んでいたら、書き手の常識を疑われよう。

どうしても専門用語を使わなければならないときは、最初に、その意味・定義などをきちんと書いて、部外者にも理解できるよう配慮しておくことが必要だ。

なお、ここでいう専門用語は、いわゆる業界用語とは違う。会社によっては、その会社内でしか通用しない略語・隠語の類もあるが、この種の言葉を不用意に使うと軽薄な印象を与えるし、部外者が読んだときにおかしなことになる。

2.2.1 専門用語は別な言葉に置き換えない

◆「糖質は、エネルギー源になってくれる栄養素である。でんぷん性食品は、エネルギー供給の点から見てもっとも経済的な食品だが、炭水化物を多くとっていると、それ以外のいろいろな栄養素の不足を招くこともある」

この文章を読んだとき、戸惑う人が多いだろう。「糖質」と「炭水化物」が同じものを指し、「でんぷん」は「糖質」の一種であるということを知っている人でなければ、すんなり頭に入ってこない文章である。

このように、一つの文章の中で、何種類もの同じ意味を

表す言葉を不用意に使うと、読み手を混乱させるだけである。書き手は同じ意味で使っているつもりでも、読み手のほうは、何か別の意味を持たせているのではないだろうか、とあれこれ考えてしまうこともある。

　読み手にこうしたよけいな手数をとらせないためにも、学術用語や専門用語などは、一つの文章の中でいったん使用したら、最後までそれで通したほうがいい。途中で不用意に別の用語にすりかえたりすると、読み手の理解を妨げるだけである。先の文でも、「炭水化物」を「糖質」とし、「糖質を多く含むでんぷん性食品」と説明すればずっとわかりやすくなる。

　一般に広く使われ、定着している専門用語は、電話番号や、物や人の名前と同じである。人の名前を勝手に書き換えてはいけないように、専門用語も、別の言葉に置き換えたり、自分勝手に新しい言葉をつくることは避けるべきである。ただし、別の言葉での置き換えと、「代示」を混同してはいけない。この「代示」については「2.7 代名詞ではなく代示を使う」で述べる。

2.3　わかりにくい言葉は定義する

　たとえば、海外旅行中の知人から、

「仕事でオーストラリアのパースに来ています。こちらは今、冬です」

と書いた絵葉書を受け取ったとき、よほどのオーストラリア通ならともかく、遠いところに行ったのだな、くらいの感想しか湧かないだろう。ただ「パース」とだけ書かれていても、どんなところかわからないからだ。しかし、この葉書に、

「パースは南西部の静かな町で、最近、シルバー世代が海外への移住を考える候補地にもなっています」

とでも書いてあれば、受け手の印象もずいぶん違ってくる。書き手がシルバー世代なら、受け手は、彼も老後を考え、出張をかねて下見に行ったのかもしれない、と想像することもできる。

このように、読み手にわかりにくいと思われる言葉を使うときは、説明をしておく必要がある。実用文でいえば、「定義」をするわけである。専門用語を使う実用文では、この配慮が欠かせない。とくに、まだ定着していない専門用語などを使うときは、かならず、その用語が最初に出てきたときに定義をすることが大事だ。

この定義をわかりやすいものにするには、次の「定義の公式」を頭に入れておくといい。

定義の公式　〔**単語**〕＝〔**区別**〕＋〔**クラス**〕

　たとえば、『岩波国語辞典』では、「心臓」を「血液循環系の中枢器官」と定義している。この場合、「心臓」が単語、「血液循環系」が区別、「中枢器官」がクラスを表わしている。
　同様に「大学」を定義すれば、
　「【大学】〔単語〕は、【学術の研究および教育を目的とする】〔区別〕【最高機関】〔クラス〕である」
　となる。
　専門用語にかぎらず、読み手になじみがないと思われる製品、人名、地名、社名なども定義する必要がある。
　また、区別を強調したいときとか、パテントを申請するときは、「区別＋クラス＝単語」の形になる。たとえば、
　「【学術の研究および教育を目的】とする【最高機関】が【大学】である」
　になる。
　なお、「単語」の箇所で使った語を「区別」や「クラス」で使うと、循環定義法になってしまうので注意したい。たとえば、
◆「表面にオートダイアルと表示してあるカードは挿入すると自動的にダイアルされるオートダイアルカードです」

のような表現である。「オートダイアルと表示してあるカード」は「オートダイアルカード」に決まっているのだから、この説明は、定義法を知っている人からは嘲笑を買うだけだろう。この種の循環定義をした説明を目にすることが多いが、避けたい表現である。

また、「クラス」があいまいだと、読み手は説明されているものの概念がつかめない。たとえば、

「みぞれとは雪が溶けかけて降る現象」

は、某国語辞典から引用したものだが、「みぞれ」のクラスつまり概念は、はたして「現象」だろうか。「みぞれ」は「現象」ではなく、「雨まじりの雪」だろう。

2.3.1　わかりにくい言葉は定義のあとに実例を示す

言葉の定義をするとき、クラスを説明しただけではわかりにくい場合がしばしばある。読み手にわからない言葉だからこそ、わざわざ定義をするのだが、わかりにくい定義をしただけで放っておいては、定義をした意味もなくなってしまう。そういうときは、定義をしたあとに実例を示すといい。

たとえば、

「耳によい響きを与えるものを、私は音楽と定義する」

というだけでは、抽象的で、きわめてあいまいである。もともと、定義とか用語の説明は、抽象的になる傾向が強く、独りよがりになりやすい。そこで、
「舗道を転がる石がよい音を出せば、それも音楽である」
と続ければ、読み手も、書き手が考えている"音楽"の意味がよく理解できるだろう。

　「そのような浮揚力のあることを浮力という。大きな岩石も池の底からは容易に上げられるが、池の水の表面から出るやいなや重くなる」

　この場合も、第二文で実例をあげているので、浮力という作用が具体的にわかる。

　知人のジャーナリストによると、インタビューしていていちばん困るのは、抽象的な話しか出てこないときだという。そんなときはどうするのかと聞いたら、「具体的にはどういうことかと、繰り返し質問するだけだよ」と答えたが、この方法は、私たちも無意識のうちに使っている。話を聞いていて、よく理解できないときは、「それはどういうことか」と質問して、具体的な話を引き出そうとする。たとえば、

　「固くなった頭を柔らかくして、アイデアを出やすくするには、モノの属性を利用した発想トレーニングをすると

いい」

「それはどういうことですか」

　たとえば、十円玉を硬貨として以外の使い道を考えてみる。たくさん集めて漬け物石代わりにするとか、溶かして銅線にするとか……いろいろと考えてみる。

　あるいは、自動車に乗りやすくするために、座席を横に引き出せるようにできないか、とか。

　この場合、「たとえば……」以下で、聞き手も納得するはずである。行き着くところ、実用文も日常会話も、相手を理解させる方法はなんら変わらないということだろう。

2.4　説明が長い言葉は同義語や反意語を示す

　以前、辞書で「男」を引くと「人間の中で女でないほう」、「女」を引くと「人間の中で男でないほう」と書いてあり、これでは説明になっていないという議論が起こったことがあった。日常よく使っている、わかりきった言葉の定義は難しいが、もちろん実用文では、こうしたわかりきった言葉は、とくになんらかの意味を持たせたいという場合を除いて、わざわざ定義する必要はない。ただ、この「男」と「女」の説明法は、実用文を書くときの参考になる。国語の専門家に言わせれば、この説明法では言葉の定義になっていな

いかもしれないが、実用文で、専門用語などを説明するときは、要するに、読み手に意味が間違いなく伝わればいいのだから、読み手に通じるなら、「男とは、人間の中の女でないほう」というように、反意語で示してもいっこうにかまわないのである。

このように、言葉を定義するときは、前に説明した「定義の公式」をいつでも使わなければならないというわけではない。「定義の公式」を使うと、概念的になってわかりにくいこともあるが、そうしたとき、読み手になんとかわからせようとくどくど説明するより、同義語や反意語を示したほうがずっとわかりやすいということもある。

たとえば、夏目漱石の『吾輩は猫である』が、いちばん簡単な定義法である。つまり、「吾輩」を「猫」という同義語で示したわけだ。

実用文の例に戻って、「ここでいう伝票とは、請求書のことである」は、「伝票」を「請求書」という同義語で示したものだ。「定義の公式」は使っていないが、これも定義法の一種である。読み手のことも考えて、同義語や反意語で説明したほうがわかりやすいなら、こちらの簡単な定義法を使ったほうがいいだろう。

なお、一つお断わりしておきたいのは、この定義を、た

んなる言い換えと混同しないことである。たとえば、「不幸は、ふしあわせのこと」「ふしあわせは、不幸のこと」といっても、これでは言い換えにすぎず、「不幸」や「ふしあわせ」を定義したことにはならない。漢語を和語に直したり、あるいはその逆をするのは、たんなる言い換えなので注意したい。

2.5　難解な事柄は読み手が知っている「例」で説明する

　コンピューターが登場して間もないころ、コンピューターを説明するのに、人間の脳とくらべていく方法をとったものをよく見かけた。たとえば、

　「コンピューターの仕組みは、人間の脳の仕組みに似ている。脳は、視覚をはじめとする五感から得た刺激を受け取ると、その刺激情報をもとに判断を下す。この五感にあたるものが、コンピューターのキーボードで、キーボードから入力されたデータが、中央演算装置に伝えられると……」

　といった具合である。

　コンピューターが何かということをまったく知らない人にとっては、「コンピューターは、入力部と演算部、記憶部、出力部からなり……」などと説明されるより、人間の

脳というなじみのあるものと比較しながら説明されたほうが、イメージも湧きやすく、ずっとわかりやすいはずだ。

このように、そのまま説明しようとするとわかりにくいことなどは、読み手がよく知っているものとくらべてみる、という手がある。この場合、くらべる対象との類似点をあげていくやり方と、相違点をあげていくやり方がある。

「ＣＤは、レコードとは違って、繰り返し聞いても針によって磨耗して音質が悪くなることはなく、ほこりなどの影響も受けにくく……」

というようにすれば、相違点をくらべていることになる。

この別なものと比較して説明する方法と混同してはいけないのが、比喩、つまり「たとえ」である。たとえば、

「人生とは回り舞台のようなものだ」

は比喩である。

小説やエッセイなどでは、こうした比喩がよく用いられ、比喩のうまさが文章のおもしろさをつくりあげていることも多い。

しかし、この比喩は、あくまでも「イメージ」を表現するだけのものだから、仕事上書く文章の中では使うべきではないだろう。小説なら、読者がどのようにイメージをふくらませようと自由だが、実用文では、読み手が勝手にイ

メージをふくらませては困るのである。イメージを伝えるのではなく、事実を伝えることが実用文では大切なのだから、比喩などはいっさい不要といってもいい。

2.6 「これ」「それ」などは具体的な言葉で表現する

　入試の国語問題でおなじみのパターンに、「文中の"それ"は何を意味するか。〇字以内で書け」というものがある。要するに、「これ」「それ」などの代名詞が指すものをたずねているのだが、以前、丸谷才一氏も指摘していたように、これに答えるのは実にむずかしい。前に出ているどの語や文章を受けているのか、幾通りにも答えが考えられ、あたかも判じ物のようなケースがあるからだ。

　こうした入試問題ではないが、文章を書くときは、代名詞の使い方には注意が必要である。書いた人には代名詞の内容がわかっていても、読み手にはわからないということがしばしば起こるからだ。たとえば、「われわれ」と書いた場合、この「われわれ」が、書き手の所属する部署の人たちなのか、社員全体を指すのか、書き手と同じ考え方をしている人たちのことなのか、あるいは読み手までその中に含まれるのかなど、さまざまに解釈できるケースが少なくない。

入試問題は、受験生を落とすのを目的としたものが多いから、判じ物になるのもやむをえないのかもしれないが、実用文が判じ物では困る。代名詞が出てくるたびに、「この"それ"は何のことだろう」と読み手に考えさせるようでは、それだけで実用文としては失格といえるだろう。

2.7 代名詞ではなく「代示」を使う

　「これ」「それ」「われわれ」などの代名詞を多用するのは避けたほうがいいと前項でお話ししたが、代名詞をどのように別な言葉に置き換えていったらいいか、その具体的な方法として、「代示」について説明しよう。

　「代示」というのは耳慣れない言葉だろう。これは、一語一義の語の内容を示す「代わりに示す語」である。これまでの日本語の文章作法では、こうした「代わりの語を示す」という考え方がなかったので、「代示」も、やむなく私がつくった言葉であることをお断わりしておきたい。

　たとえば、次のような文があったとする

◆「私は、クラウンを買いました。それはトヨタの車です。
　それはたいへん調子がよく、気に入っています」

　これではたいへんまどろっこしいし、「それは」がまぎらわしい。これを、

◇「私は、クラウンを買いました。そのトヨタ車はたいへん調子がよく、気に入っています」

とするとわかりやすくなる。この場合、「そのトヨタ車」が「代示」である。

一つの文で同一の単語を繰り返し使うのは避けるべきだと教わった人も多いだろう。そのため、代名詞なども多用しがちになる。たしかに、専門用語などはみだりに変えると読み手を混乱させてしまうが、同じ言葉の繰り返しが気になる場合は、その中身を明示する代示を使うといい。その例を示しておこう。

◇「Ｓ社では、【携帯電話○○】を発売した。この【超小型電話】は、従来のものより、いろいろな機能が付いて、ずっと便利だ。【この新製品】を作るにあたって、技術面では、小型化と軽量化が大きな目標だったそうだ。発売して間もないが、【手のひらで簡単に操作できるこの機械】は、若者のあいだで人気を集めている」

代示とは、たんなる言い換えの言葉ではなく、もとの言葉の内容などを具体的に示すことで、読み手によりわかりやすくするためのものである。

2.8　動詞は名詞との相性を考えて選ぶ

　日本語を覚えたばかりの外国人が、名詞にかたっぱしから「〜する」をつけて、「コンピューターする」「学校する」のように、動詞代わりに使っているのをよく耳にする。最近では、日本の若者まで、「お茶する」「ご飯する」などと、日本語を覚えたての外国人のような言葉づかいをしている。日本語には、動詞がたくさんあるにもかかわらず、である。

　しかし、「お茶する」には抵抗のある人でも、「将棋をする」「碁をする」などは、さほどおかしいとは思っていないかもしれない。だが、きちんとした日本語で表現するなら、「将棋」は「指す」ものだし、「碁」は「打つ」ものである。同様に、「弱音」は「言う」ものではなく、「吐く」ものだし、「グチ」も「言う」ものではなく、「こぼす」ものである。

　このように、名詞によっては、つく動詞が決まっているものが、日本語ではいくらでもある。私は、これを「**名詞と動詞の相性**」と呼んでいる。この相性を考えずに、いつも「する」とか「いう」ですませていたり、おかしな組み合わせをしていると、意味は通じるかもしれないが、その稚拙さから教養のほどを疑われかねない。

　この「相性感覚」を身につけ、名詞と動詞の相性をチェッ

クする能力を高めるためには、やはり本をたくさん読むのがいちばんだろう。ただ、小説は、作家によっては独特の言い回しをすることもあるので気をつけたい。

　また、どういう動詞がいいか迷ったときは、めんどうでも辞書にあたってみることだ。日本の辞書は、欧米の辞書にくらべて用例が少ないのが欠点だと言われているが、それでも最小限必要なものは出ている。国語辞典、類語辞典などを手もとに備え、小まめに引くようにしたい。このように、つねにチェックするようにしていると、"相性感覚"もしだいに身についてくる。

　英語に、「語彙の多い人ほど、人生で成功する」という意味の言葉がある。文章でとんだ恥をかかないためにも、こうした相性にも注意して言葉を選ぶようにしたい。

2.9　あいまいな形容詞や副詞は実用文には向かない

　形容詞や副詞は、小説やエッセイなら、これらの使い方が死命を制するといっても過言でないほど重要なものだ。しかし、実用文においては、これらの修飾語がかえって邪魔になったり、文章をあいまいにしたり、誤解を招くことにもなるから、その使い方には注意を払う必要がある。

　以前、シチズン時計がサラリーマンを対象にしたアン

ケート調査の中で、興味深いものがあった。「銀行、役所の窓口で"少々お待ちください""しばらくお待ちください"と言われたときの"少々"と"しばらく"は、いったいどのくらいの時間か」という質問に対する答えである。

「少々」は、20代は平均5分、40代は7分。「しばらく」は、20代は10分、40代は13分と答えている。つまり「少々」や「しばらく」は、個人差、年代差などにより解釈が異なる主観的言葉なのである。

これは、「少々」や「しばらく」にかぎったことではない。「大きい」「小さい」「高い」「低い」などの形容詞や、「すぐ」「早く」「十分」などの副詞に関しては、すべて共通して言えることである。

だから、形容詞や副詞をうっかり使うと、読み手がとんだ誤解をしないともかぎらない。たとえば、自分としては一ヵ月後ぐらいのつもりで「間もなく完成」と書いても、読み手は来週あたりか、と思うかもしれないのである。

こうしたあいまいな修飾語は、できるだけ使わないほうがいい。たとえば「大勢の人が来館した」ではなく、「約二万人が来館した」と数値データを使って具体的に書くか、修飾語を使う場合には、「この分配は常識的な割合、つまり6対4で分ける」と、その程度や内容を数値で説明して

おく必要がある。

「いろいろな色の花束だった」ではなく、味気ないようでも、「赤、青、白の菊の花束だった」と明確にすることが実用文では大事なのである。とくに注意したいのは、期限などを示す場合だ。「至急お送りください」ではトラブルの種をつくるようなもので、ここはやはり、「本日午後六時までにお送りください」と数値で明確に指示すべきである。

2.10 接続詞は少ないほうが文章が引き締まる

文章を書く際、書き慣れない人が陥りやすいことの一つに、接続詞の使いすぎがある。たとえば、

◆「私のこれまでの人生は、たいへん楽しいものでした。【そして】、いい想い出ばかり残っています。【また】、人生で出会った方たちも、すばらしい方たちばかりでした。【だから】、私は幸せだとつくづく思います。【では】、ここでこうした私の人生を振り返ってみることにします」

これは極端な例かもしれないが、これに似た接続詞過多の文章はけっして少なくない。接続詞は、文と文とをつなぎ、前後の文を関係づけていくために必要なものだが、使

い過ぎると、文章が間延びしてくる。とくに「そして」「それから」などを多用すると、小学生の作文のようになってしまい、幼稚な文章というそしりを免れないだろう。

　逆に、接続詞をまったく使わずに書いていくと、プツプツちぎれたような文章になるばかりか、文と文、あるいは前のパラグラフと次のパラグラフとの関係が読み手によくわからず、理解しにくい文章になってしまう。

　接続詞は言ってみれば、列車の連結器のようなものである。連結器で各車両がスムーズにつながっていないと、列車の動きも悪くなる。下手をすると、カーブのところで後続車両が脱線しかねない。だいたい、連結器でつながっていないと、各車両がバラバラで、列車として機能しなくなるわけである。

　適切な接続詞は、次の文をスムーズに引き出してくれるものだが、この接続詞の使い方は微妙である。原則としては、論理的に必要なところに限って使うべきだろう。ただ最初のうちは、ほんとうに必要なものかどうかわかりにくいかもしれない。そこでお勧めしたいのが、文章を書いたあと読み直すときに、接続詞を一つひとつチェックしていくことである。使っている接続詞をけずったら、意味が通りにくくなるかどうか、と見ていくといいだろう。

こうやって、不必要な接続詞をけずっていくだけでも、文章はかなりスッキリするはずだ。その要領で、最初にあげた例も直してみてほしい。

2.10.1 「そして」「さらに」などの接続詞は、別の言葉で置き換えてみる

接続詞は、前項でもふれたように取扱いが難しい。接続詞は文字どおり、文と文とをつなぐ言葉で、前項でも述べたが、列車でいうと各車両をつなぐ連結器にあたるものだ。連結器がなければ後続列車は前の列車に続かないし、連結器がいいかげんだと事故のもとになる。文章もこれと似ている。たとえば、

◆「私は病気であった。会社に行った」

では文章にならない。なんらかの連結器、すなわち接続詞を入れなければならない。この場合、

◇「私は病気であった。しかし、会社へ行った」

あるいは、

◇「私は病気であった。にもかかわらず、会社へ行った」

という具合に、適切な接続詞を加えれば、二つの文が結ばれて文章になる。また、二つの文の関係もはっきりする。

このように、文章成立の基本にかかわるのが接続詞なの

だが、使い方によっては、かえって読みづらく、わかりにくいものになってしまう。たとえば、

◆「この機器の特徴は、軽い、そして正確、さらに安いことである」

と、機器の特徴を並列しているこの文は、とりあえず内容は伝えている。しかし、この文が読みやすいとは誰も思わないだろう。

◇「この機器の特徴は三つある。軽量、正確、廉価なことである」

と書けばわかりやすくなる。また、この「軽い」「正確」にあたる要点が長い場合には、

◇「この機器の特徴は3つある。第1に……、第2に……」

とつなげていけば、読み手は今、どういう内容の部分を読んでいるのか、位置づけと関係が明確になるのでわかりやすい。また、「そして」「さらに」などの接続詞でつなげていくときよりも書き手の頭も整理されるので、おのずとわかりやすい文になるはずだ。

「では」「ところで」「また」なども、「そして」と同じように、すこし文章構成を考えれば不要になる場合が多い。

一度書いた文章を読み返して、接続詞が多すぎてわかり

にくいと思えば、まず第1に、単なる書きグセのような不要なものを削る。第2に、並列のときに使う「そして」「さらに」を、「第1に」「一番目に」などに置き換えてみる。第3に、文章構成を変えて、接続詞を減らしてみる。このような努力をすこし続けるだけで、文章は飛躍的に読みやすくなるはずだ。

　英語の場合、実用文では、「しかしながら」が70%近く使われ、次に列挙する「第1に、…、第2に，…最後に、…」が50%近く使われているそうである。

3章
ちょっとした手抜きが文章全体をダメにする

　ある作家が、文章の書き方について、文学青年からアドバイスを求められたとき、
「書いたものを三ヵ月くらい寝かしてから、読み返しなさい」と答えたという。自分が書いた文章というのは、客観的に見ることがなかなか難しい。しかし、「思い込み」や「思い入れ」が強くても、ある程度の冷却期間をおいて読み返せば、自分が書いたものの欠陥がわかってくる、という意味だろう。

　実用文についても、同じことがいえる。三ヵ月後というわけにはいかないが、実用文を書き上げたときも、一時間か二時間後に読み返してみると、書いていたときには気がつかなかった自分の文章の欠陥に気づくことが意外に多い。

　文章を書き上げたとき、誰でも「やれやれこれで終わった」とホッとするのではないだろうか。しかし、文章を書く作業は、これで終わったわけではない。わかりやすい実

用文を仕上げるには、むしろ、書き上げたあとの作業が大事なのである。この作業をおろそかにすると、せっかく苦労して書き上げたものでも、「こんな程度のものしか書けないのか」という評価しか得られないこともある。自分の文章の欠陥は、なかなか気づきにくい。だから、せめて、この章で述べるチェックポイントくらいは知っておく必要がある。それを念頭に入れて文章を書けば、事前に欠陥を修正する助けになるはずだ。

3.1　書いたら、かならず読み返す習慣をつける

　私は仕事柄、学生やビジネスマンが書いた文章を読む機会が多い。そのたびに、名詞と動詞の相性が合っていなかったり、誤字・脱字などケアレスミスのあったりする文章に気づく。コンピューター時代になってからは、変換ミスがそのまま残っている文章も多くなっている。

　不適切な動詞や、誤字・脱字などは、ちょっと注意をすれば防ぐことができる。逆にいえば、相性が合わなかったり、誤字・脱字があったりすると、書いた人の注意力や常識まで疑われかねない。そうならないためには、どんなに急いでいるときでも、文章を書いたら、かならず読み返す習慣をつける必要がある。

読み返したとき、ふつうの言語感覚をもっている人なら、自分があやしげな字を書いていれば、それに気づくはずだ。ちょっとでもあやしいと思ったら、辞書を引いて確かめる。たったそれだけの労力で、常識を疑われずにすむ。

　また、最近は、実用文のほとんどはパソコンで作成されている。そのため、読み返しは画面上でするという人も多い。しかし、実はこれではケアレスミスを完全に防ぐことは難しい。人間の目の生理上の問題なのか、紙にプリントアウトされたものだと簡単に見つかるミスが、画面上に書かれた文字だと、どんなに注意して見ていたつもりでも見逃してしまうことが意外に多いからである。とくに重要な文書は、かならず一度はプリントアウトしたもので読み返すことをお勧めしたい。

3.2 「もの」や「こと」は明確な語に置き換える

　誤字・脱字、変換ミスなどのいわゆるケアレスミスは、誰でもすぐに気づくミスだが、自分が書いた文章がわかりやすいかどうか、また、わかりにくい場合、どう直したらいいか、ということはなかなかわかりにくい。とくに自分の書いた文章は、客観的に判断しにくいところがある。「思い込み」や「思い入れ」もあって、欠陥に気づきにくいわ

けだが、それでも読み返しのときにチェックする方法はいくつかある。その一つが「もの」や「こと」といったあいまいな語に注目することである。

「雪は、大気の上空でできる〇〇」

の〇〇にはいる言葉は何か。私は、ときどきこんな質問をして、学生を困らせることがある。この質問では、「もの」と答える学生が多いが、これでは不合格と私は判定する。「結晶」という、より的確な言葉があるし、だいたい「大気の上空でできるもの」には雲や雨滴もあって、雪の説明としては、あいまいで不十分だからである。

これは、定義の問題でもある[同項参照]が、ここで取りあげたいのは「もの」についてである。「もの」は、ひじょうにあいまいな言葉だけに、何にでも使える"便利な"言葉でもある。そのため、文章を書くとき、「もの」を多用する人がいるが、「もの」を使えば使うほど、その文章はあいまいになってくる。同じような言葉に「こと」があるが、「もの」や「こと」に頼っていては、実用文は書けない、といってもいいだろう。これらの言葉は、実用文の原則である一語一義に反するからだ。

アメリカのある会社で、採用試験のとき、"What is a spoon?"（スプーンとは何ですか）とたずね、"Spoon is what we eat with."（スプーンとは、食べるとき利用するものです）と答えた者は、すべて不採用にしたという話がある。つまり、「スプーンとは、食べるときに使うもの」ではなく、「器具」か「道具」であり、「もの」というあいまいな答え方をする人は、それだけ論理的な思考をしていないと判定が下されたわけである。

　これは極端な例かもしれないが、「もの」や「こと」に頼っていては、わかりやすい実用文は書けないという点では、日米で共通している。「もの」を使ったら、即、非論理的とまでは言えないにしても、こうしたあいまいな言葉でお茶を濁しているようでは、書き手の考えもあいまいではないか、と疑われてもしかたがないだろう。

　だから、自分の書いた文章を読み直すときは、あいまいな「もの」や「こと」を、できるだけ具体的な言葉に置き換えていくことが、一つのポイントである。これは実用に適切な辞書があれば、そうむずかしい作業ではないし、それだけで、文章がずいぶん明確になるはずだ。

3.3 「など」は最小限にとどめる

　「など」を多用した文章をよく見かけるが、「など」は、実用文では不必要なことが多い。

◆「このたびの出張では、第一工場、第二工場などの施設の老朽化などを調査してきました」

　このような報告書を書いていたら、おそらく上司から、次のような質問がとんでくるだろう。「行ったのは、第一工場と第二工場だけなのか。第三工場へは行かなかったのか。施設の老朽化以外に、何を調べてきたのか」

　この報告書でも、行ったのが第一工場と第二工場だけなら、「第一工場、第二工場の施設の……」と「など」を抜くべきだろう。それ以外のところへも行ったなら、「第一工場、第二工場および第三工場の施設の……」と、この場合も、やはり「など」を使わず、項目をすべて列挙したほうがいい。「施設の老朽化など」の「など」も同様である。こうして「など」を削るだけでも、内容がはっきりしてきて、上司をイライラさせることもなくなるはずだ。

　日本語の「など」は、このように、示す対象があいまいで、読み手を困らせることが多い言葉である。たとえば、「白、赤、黄など」といった場合、色は白、赤、黄の三種類だけなのか、それ以外の色もあって、三種類以上あるのか、読み手は判断に迷う。これが商品パッケージの色のように、重要な事柄にかかわっていることなら、書き手の常識を疑われることにもなりかねない。

こうした問題のある「など」を多用したくなるのは、自分の書いたことにあまり自信がないからだろう。「ご意見をうかがいたい」より、「ご意見などうかがいたい」のほうが、やわらいだ表現になるように、「など」には、ぼやかす意味合いがある。実用文では、こうしたぼやかしはしないほうがいい。書いていることに自信がなかったら、「など」でごまかさず、自分の考えをはっきりさせるべきだろう。

3.4 「考えられる」は無意味なことが多い

　学生やビジネスマンが書いたレポートや論文に目を通していて気がつくのは、「考えられる」「思われる」など、私が言うところの「不要語」がよく使われていることだ。

　たとえば、

◆「職場の活性化のためにも、イベントなど非日常的な活動を計画することは、管理者の重要な課題と考えられる」

◆「管理者教育は、目標を掲げることは簡単だが、どうしても形式的にならざるをえないというのが本音だと思われる」

といった具合である。

私が、こうした「考えられる」「思われる」を"不要語"だというのは、わざわざ使わなくても、いっこうにさしつかえない言葉だからだ。前記の各文も、「重要な課題である」「本音だろう」としたほうが、文章がスッキリする。

　「考えられる」「思われる」は、実用文では多用しないほうがいいのだが、その理由の一つは、文章がダラダラするからである。もう一つの理由として、不用意にこれらの言葉を使うと、事実を述べているのか、意見を述べているのか、読み手が判断に苦しむことがあるからだ。

　実用文では、書き手が伝えたいこと、読み手が知りたいことを的確に伝えることが大事だが、書き手の意見や判断を示したら、それを裏づけるデータ（事実）をきちんと示す必要がある。事実がなければ、書き手の勝手な意見の羅列にすぎない。そのようなものをわざわざ読んでくれる暇な人は、そうそういないだろう。

　事実があってこそ、読み手は、書き手の意見を解明することができるのだが、「考えられる」「思われる」を多用されると、どこまでが事実でどこまでが書き手の意見か、判然としなくなることが多い。「考えられる」「思われる」は、本来は、書き手の考えや推測を表わす言葉だから、これらの言葉がついた文章は、意見のはずである。

◆「IT革命は経済成長に効果をもたらすという、いわゆるニュー・エコノミー論の主張は理論的にも実証的にもこれまで盛んに検証されてきたように考えられる」

になると、これが書き手の意見かどうかあいまいで、読み手は困る。

また、次のような場合も何を述べたいのかがわからない。

◆「この論文の目的は、〇〇システムのマクロ経済的な便益について、主として決済総量の節約という観点から考えることである」

論文で考えていて、どうするのだろう、という疑問が出る。「……という観点から、その意義を探求することである」のだろうか、あるいは、もう少ししぼって「……という観点から、貨幣需要に与える理論的な可能性を考察するものである」としたいところである。

3.5 カタカナ語、英語はできる限り避ける

カタカナが続くと、たいへん読みにくいのだが、このカタカナが、最近あらゆるメディアで多用、乱用される風潮がある。「デコメ」が私の携帯電話に表れた。何だろう？次の文は、私が最近購入した印刷機のカタログの冒頭部の一部である。

◆「マルチファンクションだからこそ可能となる、ビジネス・プリンティングの新たな形」

これに、

◆ New HIXL Lはオフィス環境に合わせて、二つのプリンタボード・モデルをラインアップ」

と続く。

　カタカナ多用の代表は、このようなOA機器やファッションに関する文章だろう。カタカナ英語が多く日本語のほうがはるかに少ない文章が並んでおり、読者はほんとうにわかって読んでいるのかと疑問を抱くほどだ。携帯電話のメールにも「デコメ」と書いてきていたが返事をしなかった。

　このカタカナ風潮は、行政の分野にまで及んでいる。都庁では「カタカナ語 ○○選」と題したお役人用の虎の巻が出回っている、という話を、何年か前に、新聞で読んだことがある。たとえば、「シルバーピア」「ライフライン」「フィンガープラン」など、見ただけではその内容はまったくわからない。「シルバーピア」など、泥くさくてもいいから「福祉サービス集合住宅」としてはいけないのだろうか。少なくとも実用文を書く場合は、ファッションや広告ではないのだから、気どったカタカナ言葉を羅列するよ

り、実態がわかる表現を用いることがたいせつだ。

かって、朝日新聞のオピニオン欄でアルベール・サロン氏は「カナ語の増殖　過剰な英語化、無味乾燥」と題して、「母国語を守ることが、国家の独立を守ることにつながる」と書いている。また、古郡廷治（ふるごおりていじ）氏も、朝日新聞の朝刊で「外来語の問題は書き換え語の問題というより、その氾濫、乱用が日本語を乱し、日本人の思想表現をいい加減なもの、貧弱なものにしてしまっている」（『外来語　乱用避ける日本語教育を』より）

と、両氏は外来語を使うことによって、日本語が乱れてしまっている、と指摘しているが、まったく同感である。小学校で英語を教えるのもよいだろうが、そのまえに、正しい日本語で文章を書く教育をするべきだろう。

ただ、カタカナ用語を避けたほうがいいといっても、外来語で、適当な日本語がなかったり、日本語にすると、かえって意味がわかりにくくなるという言葉もある。国立国語教育研究所でも、たとえば「インフォームド・コンセント」などは、なかなか適切な言い換えが見つからず、苦労しているようだ。

カタカナの外来語を使わざるをえないときは、その言葉の意味を説明しておく必要がある。また、外国語の専門用

語をそのまま使っている文章をよく見かけるが、適当な訳語がない場合は、カタカナで書いて、カッコ内に外国語で表記する、といった配慮はしておきたい。

3.6 俗語・若者用語・流行語は品位を落とす

「先生、もう、シュウカツをする必要がなくなりました。チョウマジです」

先日、学生からこう言われて戸惑った。語尾はいちおう「です」「ます」調で締めくくっているから、その学生としては、教師の私に対して敬意を表して話しているつもりなのだろうが、「シュウカツ」は現在では多用されているので仕方がないが「チョウマジ」といった、いわゆる俗語はなんとしても違和感がある。目上の人に対して話すときや、大勢の人のまえで話すときなど、かしこまった場では、「就職活動」「本当です」と、きちんとした言葉づかいをするのが常識というものだ。かしこまった場で、俗語や流行語などを平気で使っていたら、その人の常識や品性を疑われるだけだろう。

実用文も、これと同じに考える。実用文のほとんどは、読み手が目上にあたる人、あるいは大勢の人である。言ってみれば、かしこまった場で話すのと同じなのである。そ

の点が、日記や友人に出す手紙などと違うところである。友人に出す手紙なら、「超」「マジ」「ウソー」などの言葉づかいでも許されるだろうが、実用文では、そうはいかない。

　その点、最近よく耳にするのが、「若い人に文章を書かせると、流行語や若者言葉を平気で使ったりするので困る」という年配の人たちの言葉である。たとえば、出張報告書に「スケジュールがきつくて、バテバテになりました。そこで提案！　日帰り出張をしたら、翌日は遅刻を認めてほしいヨ〜ン」といった具合だ。こんな文章では、たとえその提案の中身が的を射ていたとしても、ひんしゅくを買うだけだろう。

　ここまで極端な書き方でなくても、ふだんよく使っている言葉は、文章を書くときにも、うっかりするとまぎれこんできやすい。俗語・流行語・若者言葉の類が文章の中に使われていると、それだけで読み手の印象を悪くし、場合によってはその文章の中身さえ疑われかねない。

　だから、自分の書いた文章を読み返すときは、こうした言葉がまぎれこんでいないかをチェックしたほうがいい。とくに、読み手が年配の人のときは、流行語などに強い抵抗をいだく人も多いので注意したい。

3.7 「〜的」「〜性」という言葉は、できるだけ除く

　新聞や雑誌、あるいは専門誌などを読んでいて、気になる表現の一つに「〜的」「〜性」という接尾辞の乱用がある。ざっと見回しただけでもいくつも出てくる。「実験的結果」「双方向的」「技術的改良」などなど、いずれも、「的」をとっても文意は十分に通じるし、むしろ、ないほうがすっきりするものばかりだ。「国際感覚的な精神を身につける」という表現も新聞にあるが、これなど「国際感覚を身につける」でなぜいけないか、と文句をつけたくなるほど、もってまわった表現である。

　もっとも、この「的」や「性」は、たしかに便利な接尾辞である。架空性、明証性、自己的、個人的など、文学評論を見ると、どんな言葉にも「的」や「性」はくっつけられるようだ。また、かつて学生運動家が「末端的市民性における自己破壊的言辞は革命の導火的役割性を持ち……」などと、内容のないことを大げさに言いたてたりするときにも「的」や「性」が乱用されていた。広告にも「多機能的食品」などという表現が多い。これも「多機能食品」が理解しやすいだろう。イメージを優先させた広告では、わけのわからない表現でも許されるのかもしれない。

　このように、「〜的」「〜性」という言葉は、「〜のような」

とか「〜らしい」というあいまいな意味をもともと含んでいるものだから、実用文には向かないことはおわかりいただけよう。また、こうした表現は、抽象的で難解なものが多い。その意味でも実用文には向かないのである。

　だから、逆に言うと、書き手の意図をはっきりと伝えたいときに「〜的」や「〜性」を多く使うと、読み手にとって、内容がひじょうにあいまいになってしまう危険があることを認識しておいたほうがいい。便利であるがゆえに、ついうっかりと使ってしまいがちだが、企画書なり報告書を書き終えたあと、もう一度、読み返して、不要な「的」や「性」をできるだけ取り除くことだ。しかし、「実用的」「感受性」のような日常語は例外である。

3.8　読点は必要と思えるところに打つ

　文章を書くときに欠かせない要素の一つに句読点がある。句点（マル）は、小学校でも教えているように、文の終わりに「。」を打てばよい。むずかしいのは、読点（テン）のほうである。実用文には、テンが少ないものが多く、そのために読みにくくなっている文もある。逆に、テンを打ちすぎても、砂利を敷きすぎた道が歩き難いように、これまた読みにくい。

基本的には、読点は、語と語がくっついてしまって読む人が内容を取り違えてしまうと思えるところに打つ。つまり、文字どおり「区別」テンである。

　たとえば、

「彼は空ろな目をしてボソボソ話し続ける彼女をみつめていた」

の文では、テンを打つ場所で意味が違ってくることに気づくだろう。

「彼は、空ろな目をしてボソボソ話し続ける彼女をみつめていた」

「彼は空ろな目をして、ボソボソ話し続ける彼女をみつめていた」

　このような用法を私は、**区別テン**と呼んでいる。

　次はどうだろう。

◆「これは、日本人が作成した英文が英米人に理解してもらえる水準にあるか否かをチェックすることを目的としている」

　数年前に刊行された私の著書から引用したものだが、われながら、これは実用文としては、ちょっとまずいなと思う。「日本人が……」から最後まで読点が一つもない。いまの私が添削すれば、「英文が」で文が切れるので、この

あとにテンを打つ。もう一ヵ所、「否かを」でも文が切れるので、このあとにも打ちたい。

　一般論としていえば、主語に続く「は」「が」「も」などのあとに、テンを打つと、主語が明示されるので、視覚的にも文章が読みやすくなる。その意味で、句や節になった主語のあとには打ったほうがいいだろう。

　たとえば、

◆「山田課長は出張先の香港から明日戻ってくる予定だ」

　は、これでも読めないことはないが、「山田課長は」のあとにテンがあるほうが、視覚的にも読みやすい。しかし、主語のあとにテンを打つのは、あくまでも一般論にすぎない。主語を強調したければテンを打つと考えてもいいだろう。

◆「低迷する個人消費を刺激しようと一日の『母の日』に向けた商戦が熱を帯びている。しかし財布のヒモが緩そうな若い女性は見当たらない」

　この文では、「刺激しようと」で一つの内容が終わるので、このあとにテンを打ったほうがよい。「しかし」のあとでは、これを強調したければテンを打つ。強調したくなければ打たない。このような箇所のテンの有無は、個人の好みといえよう。

この本にも、主語のあとにテンを打っていない文章が、いくらでもあるはずである。要は、テンを打って、文章が読みやすくなるかどうかである。やたらに打っても、読みやすくなるものではない。

　最後に、読点を打ったほうがいいケースをあげておこう。
1) 点がないと意味が異なるとき。
　　例「二人の社長の子ども」「二人の、社長の子ども」
2) 二つの文をつなぐとき。
　　例「〜だったので、……した」
3) いくつもの修飾語を並べるとき。
　　例「静かで、明るく、清潔な工場」
4) 接続詞のあと（強調と考える）。
　　例「さて、」「だが、」「したがって、」
5) 数字を分けるとき。
　　例「二、三十人の社員」

3.9　同じ助詞は、できる限り繰り返さない

　以前、文芸評論家が、ある女流作家を、「てにをは」も満足に使えないくせに、とクサしたことがある。文章の基本である「てにをは」の使い方を、文章の専門家に向かって言ったのだから、この発言はおおいに物議を醸した。こ

の発言の当否はともかくとして、文章がきちんとしたものになるかどうかの大きな鍵を、これらの「助詞」が握っていることは間違いない。

　助詞の中でも、気楽に使われている「の」などは、実にやっかいなしろものである。「の」でつなげば、ともかく読めて、意味もなんとか通じるが、うっかり使うと、「東京新聞」と「東京の新聞」のように意味が違ってしまう。商品名とか、固有名詞、部品名などには「の」の使用は避けることを勧める。

　また、場合によっては、おそろしくわかりにくくなる。次の実例は、私がある郵便局で見かけたものだ。
◆「私の籠の中の緑の郵便局の通帳の端の番号の数字を見てください」

　読んでいるだけで頭がクラクラしてくる。これは、
◇「私の籠に、緑色をした郵便通帳がはいっていますから、その端に書いてある番号を見てください」

　という意味なのだろう。これほど極端ではなくても、
◆「机の上のペンのフタのゴミ」
　とか、
◆「ライバル社の営業部の人員の豊富さ」
　など、「の」を三つ、四つと重ねたものをよく見かける。

3章　ちょっとした手抜きが文章全体をダメにする

しかし、文の長さにもよるが、「の」は、頭の中で言葉の位置づけがしにくくなる。「の」は、多くても二つまでと、自分なりにルールを決めて、文章を書く習慣を身につけたい。「の」にかぎらず、「へ」「に」「を」や「が」などの助詞も、中学や高校で日本語の文法を習っているにもかかわらず、使い方がむずかしい。

◆「庭がある家がほしいが、金がない」

などと、こんな短い文に「が」を四つも使っている。このように、おかしな助詞の使い方をした文章を平気で書く人もいる。この文は、

◇「庭のある家がほしい。しかし金がない」

で、すっきりする。つまり、「が」は「の」に、「の」は「が」に置き換えることができる。文法にいくら詳しくても、助詞を正しく使えるとはかぎらないので、文法の勉強など、わざわざする必要はないと私は思う。それよりも、日常、正しい日本語を使うように努力していれば、助詞の使い方のミスはなくなるだろう。それでも文法が気になる人は、中学生用の文法書に目を通すといいだろう。

3.10 漢字が5字以上続くときは助詞や動詞を入れてみる

漢字が羅列されると理解しにくい場合や誤解される場合

が多い。

　名古屋の高架高速道路の下を走る車道に「散水注意」と書かれた縦長の看板が並んでいる。一見して、「水が撒いてあって、滑るから注意するのかな」と思ったが、人道ではなく車道だから、この心配はない。冬ならいざ知らず、夏に「車が水でスリップする」ことはないだろう。「水が撒いてあるから注意」なのか、「水を撒くときに注意」なのか。いずれにせよ、この注意書の意味は、私にはよくわからない。

　OA機器やパソコンのマニュアルなどによく見られるのだが、漢字がずらずら並んでいる説明文がある。
◆「種々日本語文字列操作用関数」
◆「表示選択日本語機能」

　などは、よくこれだけの漢字を並べたものだと思うが、このように数多くの漢字が並ぶと、読む人に冷たい印象を与えるし、どこまでが形容する部分なのかわからず、文意も不明確になってしまうことが多い。

　例にあげた最初のほうは、「種々」「日本語」「文字列」「操作用関数」の四つに区切ることができるが、最初の「種々」は、どの言葉にかかるか不明である。もし「種々」が「文字列」にかかるとすると、この句はこう書ける。

◇「日本語の種々の文字列を操作する関数」

このように、「する」や「の」をつけ加えれば、あいまいさもなくなり、形容する語とされる語の関係がはっきりして、ずっと読みやすくなる。

「表示選択日本語機能」も「表示を選択する日本語機能」か「表示が選択される日本語機能」だろう。

本のタイトルなど、こうした点を考慮して、『四季着物地色見本帳』でも済むところを、わざと「の」を入れて『四季着物の地色見本帳』とすることもあるそうだ。

社名や専門用語は別として、おおよその目安として、漢字が5字以上続くときは、「の」「を」の助詞や「する」などをつけ加えられないかと考えてみたほうがいいだろう。

また、コンピューターで書くとき、機械がどんどん漢字に直してくれるので、とんでもない漢字を使う人がいる。「扠」(さて)、「顰める」(しかめる)、「憚る」(はばかる)、「慌しい」(あわただしい)など、これではまるで漢字の教養テストをしているようだ。文章の中にいたずらに漢字を増やして、読みにくくすることは避けたほうがいい。

ただし、むずかしい漢字を避けるといっても、「羅列」を「ら列」、「饒舌」を「じょう舌」、「森羅万象」を「森ら万象」などと、熟語の中の一字をひらがなにすると、かえっ

て読みにくくなる。新聞や週刊誌では使用する漢字を制限しているから、このような書き方もままあるが、熟語の場合は、たとえ常用漢字ではなくとも、漢字にしておいたほうがいいだろう。

3.11　同音異義語を確認する

　石坂洋次郎の小説『青い山脈』に、男子高校生がラブレターを出したとき、「恋しい恋しい」と書くべきところを「変しい変しい」と書いてしまい、読んだ人が大笑いをする有名なシーンがある。いかにもありそうな話だが、実は、この男子高校生を笑えないほど、最近の若い人の漢字力は低下している。

　たとえば、学生に「はいけい」を漢字で書かせると、「拝啓」を「拝敬」と書く者がいる。しかも「敬」のほうが相手を敬っている感じがするというのだから恐れ入る。「啓」には「申し上げる」という意味があり、「拝」は、相手を敬って、自分の動作につける語だから、「拝啓」は「つつしんで申し上げる」という意味だということは、まったく頭にないのである。

　そのほか、「絶対」を「絶体」と書くのはまだマシなほうで、「スケジュール調製」「専問」「人事移動」「無我無中」など、

あげていくとキリがないほど誤字が多い。

　また、コンピューターの普及にともなって、急激に増えてきたのが、この誤字ならぬ、同音異義語の誤用である。手で書いた場合の誤字は、意味が多少似通っている他の字を当てはめてしまうことが多いが、コンピューターでの変換ミスによる間違いは、まったく意味をなさない言葉になっていることもしばしばだから、始末が悪い。「会報」とすべきところが「介抱」や「快方」になっていたり、「終決」が「集結」になっていたりする。こうした読み手を面くらわせる間違いが、けっこうある。

　数ヵ月前に、ある会社からいただいた手紙の最後に、
◆「ご拳闘のほど宜しくお願いいたします」

　と書いてあり、ご丁寧に部長の印鑑まで押してあった。このような現象は、機械を頼りすぎるから起こるのだろう。つい最近、私のところにEメールで「先生の抗議をお願いします」と書いてきた。「抗議」は「講義」の変換ミスである。

　以前、私もコンピューターでとんだ失敗をしたことがある。ある原稿を書いたとき、靴下の「でんせん」が「伝染」と出てきたことに気づかず、それがそのまま雑誌にのってしまったのである。まことにお恥ずかしい話だが、雑誌が

送られてきて、「伝線」にしなければならないとようやく気づいたのである。

　こうした同音異義語の間違いは、「解放」と「開放」のように、意味まで似ていてなかなか区別しにくいものもあるが、注意深く読み返せば、かならず気がつくはずである。とくにコンピューターを使って書いたり、清書したりするようなときは、こうした同音異義語には、十分注意を払うようにしたい。いくら、コンピューターできれいに打った文書でも、こうした間違いが残っていたりしては台無しである。

3.12　類語の重複に注意する

　「いにしえの昔の武士の侍が、山の中なる山中で、馬から落ちて落馬して、女の婦人に笑われて、赤い顔して赤面し、家へ帰って帰宅して、仏の前の仏前で、……」

　誰でも聞いたことがある、重複語をうまく組み合わせた落語である。

　「馬から落ちて落馬した」と書かれた文を読めば、たいがいの人は、これはおかしいと思う。「落ちて」と「落馬」、「馬」と「落馬」が重複しているからである。にもかかわらず、「七日の日におうかがいします」と言ったり、上司

への報告書に「約五〇名ほど出席した」と書いてしまう人が少なくない。もちろん、「7日の日」は「7日」でよいし、「約50名ほど」は「約」と「ほど」が重複しているから「約50名」か「50名ほど」のどちらかにする。

　ある喫茶店に行ったら、メニューにこんな宣伝文句が書いてあった。

◆「当店のコーヒーは炭火焼コーヒーを使用しております」

「コーヒー」が重複しているが「当店のコーヒーは」を、「当店では」にすればすっきりする。もし「当店のコーヒーは」にこだわるなら、より具体的に「炭火焼の豆」にする手もある。

　ビジネス文、実用文にも、一文の中で語句が重複している例が意外に多い。喫茶店の宣伝文句なら、ご愛嬌でもすむかもしれないが、実用文では無教養のそしりを免れない。

◆　車の車間距離

◆「何か一生かかって大きな夢をなしとげられるような素晴らしい夢を持ちたい」

◆「寝て間もなく、高潮によってどんどん水が浸水して、一時間あまりで家の中は水びたしになった」

　など、一般の人たちが書いた文章を見ると、語句が重複

したケースは実に多い。こうした重複は、文章をくどくさせるだけである。語句の重複は、文章をモタモタさせる原因になる。重複した語句をけずれば、文章もすっきりする。

3.13　修飾する語は修飾される語の近くに置く

つい最近の新聞に、次のような文があった。

◆「いまのところ被害が広範囲にわたるため州政府も正確な負傷者の数は把握していない」

最初の「いまのところ」は、最後の「把握していない」にかかる言葉だと思われるが、この文を最後まで読まないと、そのことはわからない。あいだに長い句が入るので、この「いまのところ」がどの言葉にかかるかがなかなかわからず、いささかイライラさせられる。これなど、読みにくいということだけですむかもしれないが、ヘタをすると、誤解されてしまうような表現ですらある。

文章をわかりにくくしている要因のうちでも、かなり大きいものに、修飾する語と修飾される語を遠く離してしまうことがある。これは、その道のプロが書く新聞、雑誌などにもよく見受けられるから、なかなかやっかいな問題である。

たとえば、

◆「一連の幽霊学生事件で、さらに別の大学関係者が関与していた疑いが濃くなっており……」

というのは、某新聞の社会面から拾ったものだが、これを読むと、新たに関与の疑いが濃くなったのは、別の大学の人なのか、同じ大学の別の関係者なのか、一瞬、戸惑ってしまう。実は、「大学の別の関係者」だったのである。

あるいは、

◆「素敵な三十歳以上の女性たちの専用切符です」

は、どうだろう。このJRの広告を一読して、「三十歳以上の女性たち専用の素敵な切符」とわかるだろうか。どう見ても、「素敵な」は「三十歳以上の女性」にかかっているため、素敵じゃない女性には売らないのかと、いちゃもんの一つもつけたくなる。この場合、「素敵な」を「切符」につけておけば、女性を怒らせることもない。つまり、縁ある語はお互いにできるだけ接近させておいたほうが無難なのである。私はこれを「縁語接近の原則」と呼んでいる。

話し言葉なら、「とても似合ったお洋服が素敵」「まったくそのようなことはありませんでした」などと勢いで話してしまうが、これをそのまま文章にしたらわかりにくくなってしまうだけだ。自分が書いた文章を読み直すときに、修飾語の位置も見直してみることをお勧めする。

3.14 修飾語句が続くときは、短いほうを修飾される語に近づける

前項でお話しした「縁語接近の原則」に、もう一つ。実は、「長遠短接の原則」を紹介したい。これも私の造語である。これは、一つの語句に修飾語が二つつくような場合は、短いほうを修飾される語（句）に近づけるというものだ。そのほうが、逆の場合にくらべて、ずっと文意が明確になってくる。例をあげてみよう。

◆「変動の時代にあっては、従来の、過去の延長線上にある発想法では問題は解決しない」

この文では、「従来の、過去の延長線上にある発想法」がスッキリしない表現になっている。「長遠短接の原則」で修飾する言葉を入れ換えて、「過去の延長線上にある従来の発想法」とすればわかりやすくなる。もし、この原文で、「従来の」のあとの点がなければ、「従来の」が「過去」にかかることになってしまい、誤解を生むことになっていただろう。

このように、修飾する語とされる語との関係を考えて、「縁語接近の原則」だの「長遠短接の原則」だのと言うと、「そんな細かいところにまで気をつかわなければいけないのか」とわずらわしく感じる人もいるかもしれない。しか

し、文章がわかりやすくなるかどうかは、こうした細かい点に注意するかどうかに、意外に大きく左右されるのである。

　それに、原則さえ頭に入れておけば、これは別に難しいことでも、面倒なことでもない。自分の書いた文章を読み返すときにチェックしてみて、おかしいなと思えば、ちょっと語句を入れ換えるだけの手間で済むのである。こうした、ちょっとした手間を惜しんでいるようでは、いつまでたっても、わかりやすい実用文は書けるようにはならないと言ってもいいだろう。

3.15　読み手にとって重要な順を優先する

　独りよがりの話は、聞き手にいやがられる。なぜかといえば、聞き手に対する配慮を欠くからである。いくら話し手にとっては大きな関心があることでも、聞き手にとっては、さっぱり興味を持てないことを聞かされていると、聞き手はうんざりするだけである。

　文章でも同じようなことがいえる。たとえば、自分が調べたことを報告するような場合、どのようにして調べたかなど、自分にとって重要なことや関心のあることを、何よりも先に書きたくなることがあるだろう。しかし、そうい

うときでも、自分にとって重要なことが読み手にとっても重要なことかどうか、冷静に考えてみる必要がある。たとえば、次のような文章はどうだろう。

◆「塩蔵品の塩抜きについて、実験結果の報告をいたします。従来の水に浸す方法では、材料の旨味まで水に溶け出すという欠点があったので、私たちはほかの方法で実験しました。いろいろな素材で試した後、おからに漬けてみました。一日漬けたものと、三日間漬けたものの塩分残量をくらべてみると……」

これでは、なんともまどろっこしい。読み手は、「いろいろな素材で試したこと」などより先に、「おからを使った実験」で、どういう結果が出たかのほうが知りたいのである。読み手にとっての重要度を考えて例文を直すと、

◇「塩蔵品の塩抜きについて、実験結果の報告をいたします。従来の水に浸す方法では、材料の旨味まで水に溶け出すという欠点がありましたが、おからに三日間ほど漬けておくと、塩分がほどよく抜けて旨味が逃げないうえ、おからの作用で、味がまろやかになるという実験結果を得ました」

こう書けば、読み手をイライラさせることもないはずだ。もし実験方法などについてふれたければ、そのあとに続け

ればいい。読み手も、知りたいことがすでに頭にはいっているので、そのあとの実験方法などもじっくり検討する気になってくれるはずだ。

　独りよがりの文章にならないためには、読み手が何を知りたがっているかをつねに考えながら文章を構成していくことが必要である。

3.16　敬語の使い過ぎに注意しよう

「ご理解くださいますよう心からお願いいたす次第であります」

　このような馬鹿丁寧な文に遭遇すると、何か下心でもありはしないかと疑わしくなってくる。一つの文には一つの敬語でよい。この文も、「ご理解くださるようお願いします」でよいのである。

◆「専務のご尊父がお亡くなりになりました。心からご冥福をお祈りいたします」

　ある会議で、要職についている人が、30人ほどの職員にこう伝えていたが、「ご尊父様」が、常識のある人の言い方である。たしかに「ご」で敬語になるが、こうした不幸な場合は、「ご母堂様」「ご子息様」「ご令嬢様」と「様」をつけないとさまにならない。

社会人になったばかりの若い人が、会社で、まず困るのが敬語の使い方だという。今や、家庭や学校ではほとんど敬語が使われていないので、若い人が戸惑うのも無理はないかもしれない。しかし、ビジネス社会は敬語社会である。ここで示したようなおかしな例も見聞きはするが、敬語抜きでは仕事もスムーズに進まなくなる。敬語を適切につかえばパワハラも防げるはずだ。

　書く場合も、もちろん敬語を的確に使うことがだいじである。実用文では、基本的には敬語はあまり使わないが、その文書の目的を述べる部分や、社外に出す文書、手紙などでは敬語表現が必要になってくる。

　実用文で敬語を使う際、何よりも注意したいのは、使いすぎないということである。敬語の使いすぎは、文章をダラダラとさせがちだからである。たとえば、「調査いたしましてご報告いたします」などは、くどい表現である。このように動詞が並ぶ場合、最後を丁寧な言い方にすれば、全体として敬語表現になるという原則があるので、この場合は、「調査して報告いたします」で十分である。

　「お（ご）」の使いすぎも、実用文ではわずらわしい。「お話」などのように名詞の場合はいいが、「ご検査された」では、二重敬語になるし、表現としてもモタモタしている。「検

査された」としたほうがいい。

　また、ビジネス文書では、その文書を書くように指示した指示者についてふれることがある。指示者が高い地位の人だと、とかく敬語を使いすぎてしまいやすい。しかし、この場合も、

◆「〇〇部長が指示なさったように」

◆「〇〇部長のご指示により」

　と、いちいち敬語を使うことはない。

◇「〇〇部長の指示により、ご通知いたします（作成いたします）」

　など、読み手に対する敬語を最後につければ十分だろう。

　ビジネスレターなどは別にして、わかりやすさが重要な実用文では、敬語は最小限にとどめたほうがいい。特に、二重敬語、三重敬語には注意をしたほうがいい。

3.17 紋切り型は実用文には不向き

◆「朝、目が覚めると、外は<u>一面の銀世界</u>だった」

◆「その知らせに、みんな<u>飛び上がって</u>喜んだ」

◆「絶望の報に接した家族の人たちは、みながっくりと<u>肩を落として</u>いた」

　ここで下線を引いた表現は、テレビやラジオのニュース

や、新聞記事などでもよく使われている。言ってみれば、紋切り型の表現である。耳や目になじんでいるので、自分で文章を書くときにも、こうした表現をつい使ってしまいやすい。なかには、こういう表現を使ったほうが文章がうまく見えると考えている人もいるようだが、これはたいへんな誤解である。少なくとも実用文では紋切り型は使わないほうがいい。

　というのも、この種の表現は、一見、気がきいているようで、実はたいへん不正確だからである。たとえば、「一面の銀世界」というとき、どの程度に雪が積もっているのだろうか。ある人は1センチくらいと考えるかもしれないし、別な人は1メートルだと思うかもしれない。この本でも再三述べているように、実用文では、このように、読み手によって解釈が違っては困るわけである。

　同様に、「飛び上がって」や「肩を落とす」も、不正確な表現である。大喜びした人がほんとうに飛び上がるわけではないし、また、肩は落ちるものではない。

　というと、ずいぶん杓子定規だと思われるかもしれないが、実用文では、事実を正確に伝えることが大事だから、具体的には何をいっているのかはっきりしない表現は、避けるべきである。だから、「澄みわたった青空」よりも、「雲

ひとつない青空」といったほうが、実用文にはふさわしいといえよう。

3.18 事実と意見は区別する

「事実と意見は区別せよ」というのは、ビジネスの世界ではよく言われていることである。たとえば、

「この新しい取引先は、ひじょうに積極的な事業展開をしており、将来、成長する可能性が大きいと思われます」と報告した場合、「積極的に事業展開しているというのは、事実なのかね、それとも君の意見なのかね」と、上司にたずねられることがあるだろう。上司が知りたいのは、その会社がどういう事業展開をしているのかという具体的事実であり、その事実から、積極的かどうかを判断するのは、また別な話なのである。

このように、意見とは「事実」の集積の上につくられたものであり、同じ事実から、まったく別の意見を導き出す人がいることも、けっして珍しいことではない。つまり、事実とは、曖昧さのはいる余地がなく、誰が見ても同じものだが、意見は、百人いれば、百通りあってもおかしくはない。だからこそ、事実と意見ははっきり区別すべきなのだが、文章を書くときも、これらを混同すると、読み手の

判断を誤らせることにもなりかねない。しかし、実際のところは、事実と意見を混同したものをよく見かける。

たとえば、
「あの犬は、人間をかんだので処罰すべきだ」
と書くと、これは意見である。こういう場合でも、事実と意見ははっきり区別して、読み手に違いがわかるようにする必要がある。
「あの犬は、一ヵ月に三回も人をかみ、重傷を負わせた。したがって処罰すべきである」というようにすれば、事実と意見がはっきり区別される。なお、事実はできるだけ具体的に書くことだ。

念のためつけ加えておけば、実用文では意見を書いてはいけないなどということはまったくない。たとえば序文や各パラグラフの総論などは、書き手の意見を述べるところでもある。だから、自分の意見は意見として書いて悪いことはないのだが、事実とは別であるということを、読み手にはっきりわかるように区別して書くことが必要である。

3.19 「6W1H」で内容を確認する

皆さんは「5W1H」という言葉を、これまでに何度か耳にしてきたことだろう。新聞記事などは、この5W1Hに

沿って事実を伝えていく。ちなみに、5W1Hを最初に提唱したのは、アイルランド生まれの英国の著述家で、後に政治家になったエドマンド・バーク（Edmund Burke 1729-97）だ。彼が政界に入り、政治家に向かって言ったといわれている。政治家はどこの国でもあいまいに表現するのが習慣なのであろうか。

5W1Hは、

・いつ…　　　（when）　　○月○日
・どこで…　（where）　　当社サービスセンターで
・だれが…　（who）　　　担当者が
・なにを…　（what）　　　先方の了解を得た
・なぜ…　　（why）　　　不良品だと指摘する電話を受け
・どのように…（how）　　別の製品と交換することで

となるわけだが、実用文ではこれにもう一つ、

・だれに…　（whom）　　製品Ａの購入者から

を加えて「6W1H」としたい。

たとえば、手近にある新聞から拾ってみると、

◇「○月○日午前10時45分ごろ、北海道○○市○○温泉町のホテル○○で、内部が半分ずつに仕切られた木製の大型貯水槽の半分を掃除中、仕切り板が破れて水があふれ、中にいた七人が水にのまれた」

のように、事故の概要が、いつ、どこで、だれが、……という要素を追って説明されていく。実用文でも、この5W1Hをふまえて書くと、あいまいにならず、また、読み手に疑問を起こさせない。

◇「私たち研究グループは、4月1日から1ヵ月にわたり、第1実験室で、新開発の機械の、欠陥部分の修正のために、XYZ方式の試用を重ね……」

のように、6W1Hを説明したうえで、「以下はその報告です」とすれば、読み手はすっきりと頭にはいるはずである。

その点、これは英文の例になるが、

◆ "A chemical control drug was needed to prevent grass from growing."（草の成長をくい止めるために化学薬品を使った）

のような文は、実用文では望ましくない。なぜなら、この文では、

1) だれが薬品を使ったのか
2) どのように、その薬品を使ったのか
3) その薬品とは何か
4) どんな草だったのか
5) どこでその薬品を使ったのか、

などが明確でないからである。この場合は、たとえば、「雑草を枯らすために、この地域に除草剤を散布した」とでもすればいいだろう。

6W1Hすべてが完備しなくていい場合もあろうが、文章を書いたあとも、この6W1Hの要素について、きちんとふれているかどうかをチェックすることをお勧めしたい。

3.20 読み返すとき「だから、どうした」と考えてみる

あるビジネスマンから聞いた話だが、部下から報告を受けたとき、「だから、どうした」と言いたくなることが少なくないそうである。たとえば、夕方、部下の一人が彼のところにやってきて、「課長、コンピューターのプリンターの調子がおかしいのです」とだけ言う。「プリンターの調子が悪いから、どうしたのか」と聞かないと、「報告書を仕上げるのがちょっと遅れそうですが、残業して、なんとか今日中にまとめておきます」ということがわからないのだそうだ。

こうした報告で、上司が聞きたいのは、プリンターの調子ではなく、その結果、どういうことが起こるのかということのほうだろう。だから、プリンターの調子についてしか報告しないのは、報告すべきことの半分しか言っていな

いことであり、報告を受けた上司から「だから、どうしたんだ」と言われてもしかたがないのである。

　実用文でも、同じことがいえる。たとえば、

◆「本レポートは、私が行なった調査の結果を要約したものです」

と、だけしか書かなかったら、それを読んだ上司はイライラして、「だから、どうしたんだ」と言いたくなるだろう。

◇「本レポートは、私が行なった調査の結果を要約し、継続調査の許可をお願いするものです」

のように、そのレポートで何が言いたいかをはっきりと示す必要がある。

　実用文は、読み手の要求に応えるように書くことがだいじである。それには、自分が書いたものを読み直すとき、読みながら、「だから、どうした」と考えるクセをつけておくといいだろう。また、このように考えながら読み返していくと、文と文とのつながりをチェックすることもできる。たとえば、

◆「この製品は品質がいい。ロングセラー商品だ」

　では、文と文がバラバラだ。「だから、どうした」と考えると、両者は原因と結果の関係にあることがわかるから、

◇「この製品は品質がいいので、ロングセラーを続けてい

る」
と、より明確な文に直すことができよう。

4章
文章のわかりやすさは構成法で決まる
実用文の最大のポイント

　わかりやすいビジネス文、論文、レポートを書くために知っておきたいのが、文章の組み立て方、つまり構成法だ。読み手の頭に入りやすいように、論理的に書くための方法である。逆にいえば、構成法が乱れていると、その文章はわかりにくくなる。「いったい何が言いたいのか」と読み手が首をひねることになるからだ。

　「論理的に書く」というと、哲学や数学などを連想して、何か大変難しそうに思う人がいるかもしれない。「論理的」という言葉を聞いただけで、頭の善し悪しを問われているように感ずる人もいるようだ。しかし、実用文を論理的に書くというのは、要するに、読み手に理解しやすいように書くということだから、けっして難しいことでも、面倒なことでもない。文章の構成法のいくつかのルールを頭に入れておけば、誰でも論理的に書けるようになるのである。

　そのルールをこの章ではお話ししていくが、構成法を考える上での基本は、つねに読み手の立場で考える、という

ことにある。たとえば、1章でも触れたが、データをいくつか並べるときは重要度順にする、というのは読み手を考えた配慮である。この場合の重要度順というのは、自分にとっての重要度ではなく、相手にとっての重要度であることはいうまでもない。こうした配慮が、わかりやすさにつながっていくのである。

4.1　一文は40字前後にする

　わかりやすい文章を書く第一歩は、一文、一文をわかりやすくすることから始まる。文章の構成要素である文がわかりにくかったら、話は始まらないからである。

　その場合、文は短いほうがいい。短ければ短いほどよいのは、女性のスカート丈とテーブルスピーチだけにかぎらないのである。

　ルドルフ・フレッシュによると、英文でひじょうに読みやすいのは、ワンセンテンスが18語以下のもので、21語以上になると読みにくくなってくるという。これは、日本語でもまったく同じだと思っていい。一般的にいって、一文が長くなればなるほど読みにくくなる。加藤秀俊氏は『自己表現』で、「ひとつのセンテンスは、できることなら40字、多くても50字をメドにすること。そしてそれより短いも

のは無条件で大歓迎」と述べている。

　とりわけ実用文では、「短文」をモットーにすべきだろう。加藤氏の言うように、一文40字前後を目安に、それ以下の字数でおさめるように心がけたい。

　自分が書いた文章を読み返すときは、すこしでも長い文章があったら、途中で切れるところがないかを考えてみることが大事だ。そのトレーニングとして、ふだん新聞を読むときなどでも、切れる箇所がないかを考えてみるといいだろう。たとえば、手近な新聞から一例をあげてみよう。

◆「福岡市博多区に事務所を置くホストクラブ協会『ジャパン・デート・ホスト（JDH）協会』がホスト志望の男性から入会金を受け取りながら女性を紹介せずにだまし取っていたことがわかり、福岡県警生活経済課と福岡・中央署は一六日、幹部や従業員八人の逮捕状を取り……」

以下、まだ60字以上も文章が続く。

　この文中で、「だまし取っていたことがわかり、」は、「わかった。」と切ることができる。このままでも、わかりにくい文章ではないが、私がデスクなら、切っていただろう。

　論文などのような格式ばった文章は50字ぐらいで、Eメールなどのような口語調の文は30字ぐらいで切るのを

勧める。

4.2　各段落をつなぐには"繰り返し方式"を使う

　わかりやすい文章を書くための構成法について、その骨子はおわかりいただけたと思うが、そのほかにも文章をわかりやすくするためのちょっとしたコツがある。そのコツをいくつかご紹介していこう。

　文がいくつか集まって一つのパラグラフをつくり、パラグラフがいくつか集まって一つの文書ができるわけだが、このパラグラフ同士をつなぎあわせていくとき、スムーズにつなぐためのちょっとしたコツがある。それは、直前のパラグラフ中の主要な語句や重要な内容を繰り返すという方法である。たとえば、次の例のようになる。

◇「ガンの克服は、現代医学の最大のテーマで、今やガンによる死亡率は、……このガンのうち、男性の喉頭ガンの93パーセント、口腔ガン、咽頭ガンの73パーセント、肺ガンの70パーセントは、タバコが原因だと考えられている。

　タバコの害は、ニコチンだけでなく、タール、一酸化炭素など……」

　このように、前のパラグラフの重要な語句や内容を、次

のパラグラフの第一文で繰り返すようにすると、前後のパラグラフがうまくつながっていく。こうしてパラグラフ同士が有機的に結びついていってこそ、文章に流れができ、全体としてわかりやすい文書になるのである。

わかりやすい文章を書くには、それぞれの文も大事だが、文と文をスムーズにつなげていくことが、それ以上にだいじになってくる。それと同様に、文章全体を考えた場合でも、各パラグラフをうまくつないでいかないと、それぞれのパラグラフはまとまっていても、全体としては、まとまりの悪い、理解しにくいものになりがちである。

文章を書くときも、つながりまで配慮して、わかりやすく書くように心がけたいものである。

4.3　場合によっては箇条書きにしたほうがいい

書くまえに、要点を箇条書きにして内容を整理することが大事だ、とすでに書いたが、箇条書きは、相手が知りたいことを要領よく、しかも手っとり早くわかってもらえる書き方でもある。ダラダラ文章をつないでいくのだったら、箇条書きで提出したほうがいいというケースも実用文では多い。

案内状や招待状などに、時候の挨拶や用件のあと、「記」

として、日時、場所、連絡先、注意事項など、必要なことを箇条書きにしたものがあるが、文書の箇条書きの要領も、この「記」と同じである。

　たとえば、著者に原稿依頼の手紙を書くときなど、依頼の主旨などはふつうの文章で書き、締切り、枚数など、事務的な伝達事項は、案内状の「記」のように箇条書きにしておくと、引き受けたほうも、あとで確認のために読み返すときは、箇条書きの部分だけを見ればいい。手紙を最初から読み直すのにくらべて、時間も手間も省けるのである。

　ビジネスレターでも、納品日、時間、個数、商品名、納入方法などは、文中に埋もれさせないように、途中でも、あるいは最後のところにでも、箇条書きにして記しておけば、間違いが少なくなるだろう。

　報告書にしても、もしある機械の性能を調べてきたのだったら、

　① 従来のものの2倍の性能
　② 大きさは半分
　③ 値段は二倍

などと重要な要点を箇条書きで示していけば、実用文としてきわめて機能的になるはずである。

　文章にするより箇条書きにしたほうがいいのは、

① こみいった内容をわかりやすく伝達したいとき
② とくにたいせつな事項がいくつもあるとき
③ 要点を明確に伝えたいとき

などいろいろある。書くまえに、箇条書きにしたほうがいいかどうか考えてみることだ。箇条書きは、よく整理されたものなら、パッと見ただけで全体がつかめる。ヘタに文章にしないほうが読み手にとってもわかりやすい場合もある。

4.3.1 箇条書きの項目が多いときはグループに分ける

「報告書、レポート、Eメールなどのビジネス文書は、箇条書きで十分。わざわざ文章にする必要はない」
という人がいる。ビジネス文書のすべてとはいえないが、文書を早くまとめ、しかもわかりやすいものにするのに、箇条書きが威力を発揮してくれることは確かである。

しかし、箇条書きといっても、項目をただダラダラ並べればいいというものではない。各項目が雑然と並ぶだけでは、読み手もすんなりとは理解できないだろう。たとえば、今、手もとにある胃薬の説明書の「効能効果」を見ると、胃酸過多、胸やけから始まって、26もの症状がズラッと並んでいる。しかも字が小さいので、自分の症状に該当す

るものを探すのに、年配の人は苦労するのではないか、とつい心配になってくる。

　また、別な本でも紹介したのだが、私の家に取り付けられているガス瞬間湯沸器に貼ってある注意事項なども不親切の極みである。20以上にわたる注意が、なんの脈絡もなく書き連ねてあるだけで、不要のもの、設置工事者にあてたものなどが、使用者に向けた大切な注意事項といっしょに並べられている。せめて、「使用前」「使用中」「使用後」「設置者へのお願い」というようにグループに分けてくれたら、何十倍も読みやすくなり、したがって事故も少なくなるに違いない。薬の効能効果の場合でも、「痛みのあるとき」「吐き気のあるとき」などと分けて書く配慮がほしい。

　しかし、項目をグループに分けても、まだ安心はできない。グループ内での項目の順番についても注意が必要だ。たとえば、機械の故障原因を並べるなら、重要な要素から順に並べていくのがいいだろうし、機械の使い方を箇条書きで並べているなら、手順の経過を追って時系列で並べるのがわかりやすいはずだ。

　このように、各項目の順番まで考えて書いていかないと、せっかく箇条書きしても、読み手に対して万全とはいえな

いだろう。

　箇条書きにするときの注意点をまとめておこう
　① 一つの項目には、一つの事柄だけを書く
　② キーワードを中心に、簡潔に書く
　③ 各項目の書き方を統一する
　④ 各項目に順序を数字番号かアルファベットをつける
　⑤ 並列していることを明確にする

4.4　語句を列挙するときは内容や形は同じにする

◆「オーケストラで使う楽器は、バイオリン、ビオラ、チェロ、コントラバスに吹奏楽器と打楽器です」

　この文のおかしいところはどこだろうか。この本をここまで読んできた人ならおわかりだろうが、この文では、弦楽器は各楽器名を並べているのに、吹奏楽器と打楽器は、個々の楽器名ではなく、総称ですませている。つまり、一緒に並べられない内容のものを並べている点がおかしいわけである。この文は、「弦楽器、吹奏楽器、打楽器」か、「バイオリン、ビオラ、チェロ、コントラバス、ピッコロ、フルート……、ティンパニー、シンバル……」とすべきである。

　このように、いくつかの語句を並べるときは、すべて同じ形か、同じレベルにしないと、文章の統一がとれてこな

い。これを「パラレリズム（並列法）の原則」と私は呼んでいるが、実用文では、このパラレリズムに反するものをしばしば見受ける。たとえば、「笑ったり、怒ること、泣くこと」などがそうである。これも、「笑ったり、怒ったり、泣いたり」「笑うこと、怒ること、泣くこと」と語尾をそろえて、パラレリズムの形になるようにするとスッキリしてくる。語句だけでなく、箇条書きにするときでも、パラレリズムを意識して、各文が同じ形をとるようにするといい。

　たとえば、

◇「学生で<u>あっても</u>、会社員で<u>あっても</u>、技術者で<u>あっても</u>、研究者で<u>あっても</u>、自分の<u>勉強</u>や<u>仕事</u>や<u>研究</u>にかかわる文章がうまく書けるかどうかは、人生を左右するほどたいせつな事柄である」

という例文では、下線を引いた「学生であっても」……「研究者であっても」と、「勉強」「仕事」「研究」がそれぞれパラレリズムの形をとっているわけである。

　こう書くと、パラレリズムとは、たんに表現をきれいにそろえるだけで、内容とは直接関係ないことだと思う人もいるだろう。しかし、パラレリズムを意識することは、頭の整理、内容の整理にもつながるのである。

たとえば、いくつかの事柄を並べてみたとき、それがパラレリズムに反している場合、なぜそうなったかを考えてみるといい。同列に並べられないものを並べてしまうということは、整理が悪いということにほかならない。これをチェックし、パラレリズムになるように書き換えることで、内容もスッキリ整理されるはずである。実用文の場合、表現に注意を払うのは、わかりやすくするためだということが、おわかりいただけたろう。

4.5 反論が予想されるときは、前もって、その反論に反論をする

何かを売ろうとしたり、提案しようとしたりするなど、人を説得しようとするとき、ついいい話ばかりをしてしまいがちになる。ところが、見合いの席の仲人口ならいざ知らず、仕事や商売でおいしい話ばかり聞かされると、逆に不信感のタネになりかねないことがある。

その点、腕ききのセールスマンは違っている。たとえば不動産を売るときなど、「この土地は駅からすこし遠いのが難点ですが、環境は申し分ありません」などと、わざと弱点を自分から言ってしまうことで、消費者の信頼を得るのである。

強い効果を持つ薬なら当然副作用も強いし、高性能の機械なら値段も高くなるというように、長所があればかならず短所もあることは、誰しもわかっている。つまり、いい面を強調するなら、当然、反論が予想されるマイナス面についても、先回りして論じておかないと、説得力が弱くなるというわけだ。

　こうした説得法の例として、私がよく引き合いに出すものに、自動車のセールス法がある。

　まず、

「この自動車は実に素晴らしい新型です」

と売り込みにかかる。次いで、

「今までの車より居住性に富み、燃費がよく、クッションがよいのです」

と、その自動車の長所を並べるのは当然のことだろう。ポイントは次で、客から予想される反論、つまりこの場合なら素晴らしいぶん、値がはることを、

「この自動車はたしかに値段が高い」

と先回りして言うのである。そして、反論の反論も用意してある。

「値段は高いが、下取り価額が他社よりも良く、定期点検システムも万全、いつでも高性能の状態で使用できます」

として、

「ですから、皆さんがこの自動車を選ばれます」
と結ぶ。

この説得法は、会社の提案書、企画書、あるいはカタログの書き方にしても同じことである。読み手の反論が予想されそうなところをきちんとおさえてあれば、何か不利なことを隠そうとしているのではないか、などとよけいな勘繰りもされず、読み手の信頼感が増すはずである。

投資信託などを説明する銀行員もこの方法が必須である。

4.6 最初に示した事柄には必ずふれる

昔話の『ももたろう』は、「むかし、むかし、あるところに、おじいさんとおばあさんがいました」で始まっているが、『ももたろう』を知らない外国人に、「次にくる文章の主語は何か」とたずねたら、おそらくほとんどの人が「おじいさん」と答えるだろう。

というのも、「おじいさんとおばあさん」というように、いくつかの事柄を示したら、次はその事柄について順に説明していくというのが、文章の筋道だからである。論理的な文章なら、かならずそう文章が進んでいかなければいけ

ないのだが、その点、日本人の書く実用文には、この筋道をはずした欠陥文が少なくないのである。

　たとえば、もし「現在の円高の理由は三つある」という書き出しで文章が始まり、そのあとに続く文章で、「アメリカの貿易収支の赤字」「アメリカの財政赤字」と、理由が二つしか書いていないとしたら、誰でも、もう一つの理由は何だろうと疑問に思うはずだ。第三の理由を期待していた読み手は肩すかしを食わされ、戸惑いを覚えるだろう。

　これほどはっきりした欠陥を持っていなくても、何気なく書いた書き出しで戸惑わされることもある。たとえば、日本の経済事情を説明するときの枕言葉に「日本経済は、デフレと少子高齢化という難問に直面している」と書いたとしよう。そして、そのあと、デフレのことしか書いていなかったりすると、読み手はなぜ少子高齢化にふれないのかと疑問に思うだろう。

　こうした場合、「少子高齢化については今さら言うまでもない」「少子高齢化ももちろんだが、デフレ対策が緊急に求められている」などと、なぜ取り上げないのか、その理由について簡単にふれ、読み手を納得させる必要がある。あるいは、少子高齢化についてふれる気がなかったら、最初から少子高齢化を引き合いに出さないことである。

4.7　印象づけたいことは段落の最初と最後で繰り返す

　報告書や提案書、レポートを書いたとき、自分の強調したいところに傍点を打ったり、アンダーラインを引く人がいる。たしかに、これも読み手に重要ポイントなどを伝えるための強調法であり、一目で強調点がわかるというメリットがあるが、同じ強調するにも、もうすこしスマートにいきたい場合もある。そうしたときの一つの手として、パラグラフの第一文で述べたことを、最後の文でもう一度繰り返してパラグラフを締めくくるというやり方がある。例文をあげると、

◇「目的を明示しなければ、文書やレポートを作成した人は賭をしているようなもので、読み手は書き手の意図していることを的確に理解できないときがある。読み手の心の状態や環境も様々である。慎重に読む人もいれば、急いで読む人もいる。机の上で読む人もいれば、現場で仕事をしながら読む人もいるだろう。……読み手が書き手と同程度の知識を持っているとはかぎらず、一語一語を注意して読むともかぎらない。読み手に、書き手の意図していることを完全に理解してもらいたいならば、その目的を簡潔で明確に表示することを忘れてはならない」

これは、読み手に理解してもらえるような、わかりやすい文章を書くには、「目的」を明示することが大事だということを、パラグラフの最初と最後で繰り返すことによって強調したものである。第一文の総論のあとの各論は、総論の内容を裏づけるもので、最後の一文がなくても、このパラグラフで言わんとすることはわかるが、書き手は「目的」の重要性を読み手に伝えたかったのだろう。

　心理学でも、「記憶の系列内位置効果」ということがあって、一連の話やできごとの中では、最初と最後がもっとも印象に残りやすいそうだ。だから、強調したいことを最後に繰り返すのは、それだけ効果があるともいえよう。

　ただし、いくら繰り返すといっても、第一文で書いたことをそっくりそのまま繰り返したのでは、あまりにも芸がない。やはり、同じことを言うのでも、表現を工夫して変えたほうがいい。

4.8　すべての文章に主語を入れてみる

　文章には主語と述語が必要だということは、誰でも知っているはずだ。ところが、日本語の場合、主語を省いてしまうことが少なくない。主語を省いたほうが文章がスッキリし、またうまく見えることもある。そういう伝統がある

せいか、最初から主語を念頭に置かずに書いてしまい、その結果、わかりにくい文章に陥っている人が多いようだ。

とくに「並列型」の文章に、主語を省いた欠点が出やすい。この場合、読んでみて何かヘンだと思ったら、省いたところにいちいち主語を入れてみると、文章の流れや展開がチェックできる。たとえば、

◆「新しい家は明るい、設備がいい、あなたはくつろげます」は、一見、ヘンではないかもしれないが、いちいち「新しい家は」という主語を入れてみると、

　①「新しい家は明るい」
　②「新しい家は設備がいい」
　③「新しい家はあなたはくつろげます」

こうすると、③の文章が明らかにおかしい。③は、①②などの結果、そうなるのだということが明確に浮かんでくる。「新しい家は、明るくて、設備がいいので、あなたはくつろげますよ」ということだ。つまり、①②と、③を並列に置く書き方は本来できないということがわかる。

「直列型」の文章の場合にも、同じことが言える。

◇「バッテリーの中には酸性溶液がはいっている。この酸性溶液は電解液と呼ばれる。電解液の中には銅と亜鉛の棒がはいっている。これらの棒を極と呼ぶ」

「直列型」の典型文である。「酸性溶液 → 酸性溶液は電解液 → 電解液の中には銅と亜鉛の棒 → 棒を極と呼ぶ」の構成法で、じつに、わかりやすい。

このようにいちいち主語を入れて書いていくと、論理的におかしな文章にならずに済む。あとで読み返すときに不必要なものを省いたり、重複のうるさいものは言い換えればよい。

4.9 「一文一概念」に徹する

実用文は、「短文」をモットーにすべきであると前項で書いたが、だからといって、短文がよい文章で、長文が悪い文章だと決めつけるつもりはない。長文でも、一読してすぐ理解できるものであれば、それはそれでいいだろう。逆に、いくら短文であっても、一文一文が有機的につながっていなければ意味が通らなくなり、たんなる短文の羅列で終わってしまう。

しかし、一般的に言えば、短文にくらべて、長文のほうがわかりにくくなりがちなのはたしかである。というのも、一つの文に、あれもこれもと、いくつかの事柄を盛り込んでしまうために、一文が長くなってしまうケースが多いからだ。たとえば、

◆「私にとって切手は、一種の絵の鑑賞みたいなものであり、いろいろな切手をじっくり見ていると、なんとなく楽しくなってくる」

これは、それほど長文ではないが、「切手」を主語とする前半と、書かれてはいないが「私」を主語とする後半とでは、それぞれ別なことを言っているのがわかる。そこで、

◇「私にとって切手は、一種の絵の鑑賞である。いろいろな切手をじっくり見ていると、なんとなく楽しくなってくる」

と、二つの文に分けると、それだけでもスッキリしてこよう。

　文章をわかりやすくするには、一つの文が一つのまとまった考えを表わすことが大事で、私はこれを「一文一概要（One sentence・one idea）」と呼んでいる。この原則を守れば、おのずと一文一文はそう長くならず、その文で何を言いたいのかが読み手にもきちんと伝わる。

　その点、注意したいのが、「が」の使い方である。ひどい文章になると、「……が、……が、……」と、一文の中に何度も「が」を使って、文を長くつなげていることがある。これでは、読み手がわけがわからなくなっても無理はない。論理的にもあいまいになりやすいので、書きながら「が」を使いたくなったら、そこで文を切るといい。話が

変わるときは、文も変えたほうが意味も通じやすい。

4.10 「一段落一話題」に徹する

「早稲田大学―ミシガン大学　科学・工業英語検定試験」（TEP Test）という英文文書作成の能力をみる試験がある。日本人が作成した英文が、英米人に理解してもらえるかどうかをチェックするもので、1級は、問題の作成も採点もミシガン大学で行なわれる。その講評を見ると、毎年、次のような指摘がある。

「一つ一つの文は理解できても、パラグラフ全体を通して読むと、何が言いたいのか理解できない。つまり、日本人の多くは、読み手が理解しやすいパラグラフで文章を書いていない」

たしかに、日本人のパラグラフに対する考え方はひじょうに曖昧である。一つの段落から次の段落に移るときは行を変える、ということぐらいは、ほとんどの人が知っているだろうが、実際の文章を見ると、一文ごとに改行するような文章があるかと思うと、見開き2ページにもわたって、まったく改行のない文章もある。区切りの悪いところで行を変えているケースも多い。

なぜ段落をつけるのかというと、言うまでもなく、読み

やすくするためである。そのためには、「一段落一話題(One paragraph・one topic)」でまとめていくのが原則である。これを守るだけでも、文章は大変わかりやすくなる。

その点、玄人筋の書いた実用英文では、このパターンに徹している。そして、各段落の第一文には、必ず、そのパラグラフの総論がくる。だから、長い文章を速読したいときは、各パラグラフの第一文だけ拾い読みしていけば、内容の90パーセントは理解できるという。話題が変わっても段落を変えずにそのまま続けたり、一つの話の途中で段落を変えたりするような文章では、とてもこうはいかない。

よくまとまっていて、わかりやすいパラグラフは、文と文の内容が統一され、一貫性がある。お互いに関連があるいくつかの文を重ねていき、データ(テーマ)が異なるところで段落を変えるのが、読みやすいパラグラフ展開法になる。

4.11 段落構成には3のパターンがある

企業などで実用文の書き方を指導するとき、私が力を入れるのは、パラグラフの構成法についてである。わかりやすい文章を書くには、パラグラフの構成に配慮する必要があるが、先にもふれたように、「パラグラフ意識」のない日本人が多く、そのためにわかりにくい文章になっている

例を数多く見かける。

　この「パラグラフ意識」の欠如については、日本の国語教育にも問題がある。学生に話を聞いても、小、中学校で作文は書かされたが、パラグラフの構成についての指導を受けた記憶はない、と口をそろえて言う。せいぜいが、一つの段落が長いと読みにくいので、適当なところで切って段落を変えなさい、という程度である。また、文章の書き方についての本も、これまで数多く出版されているが、私の知るかぎりでは、パラグラフの構成に詳しくふれているものは、まず見当たらない。これでは、わかりやすい実用文が書けない人が多いのも当然である。

　パラグラフの構成がきちんとしている文章は、とても理解しやすい。したがって、パラグラフの構成法をマスターすれば、わかりやすい文章は誰にでも書けるのである。

　ただ、「パラグラフの構成法」などというと、難しそうな感じがして、尻ごみする人もいるかもしれない。しかし、これにもルールがあり、そのルールに従えばいいだけの話である。

　まず、もっとも基本的なルールは、一つのパラグラフの中では、実用文のほとんどが「総論→各論」の形をとる、ということだ。総論についてはあとでもふれるが、要す

に、そのパラグラフで言いたいことであり、各論は、その総論を裏づけるデータ（事実）のことである。

次にくるのが、各論の並べ方のルールである。これは、細かく分類するといくつかのタイプに分けられるが、基本は3つしかない。この3つを、私は、「並列型」「直列型」「並直混載型」と名づけている。この3つのパターンをマスターすれば、あとは、これらの応用でしかない。また、いくつかの段落からなる文章の場合、それらの段落の組み合わせ方も、並列型か直列型かで考えていくと、わかりやすい。

わかりやすい実用文のほとんどは、この3つのパターンのうちのどれかを使ってパラグラフを構成している。では、次にこの3つについて詳しくお話ししよう。

4.11.1 並列型

パラグラフの構成法として、まず「並列型」から説明していこう。並列型は、一つの主題を説明するときによく使われる。例文をあげてみよう。

〈並列型の例1〉

◇「昔から、<u>多趣味な人</u>はノイローゼにならないといわれている。ひどいストレスがかかってきても、<u>趣味が多い</u>と適当に分散できる。ときどき<u>「趣味なし」</u>という

人がいるが、これはもっともいただけない。「仕事が趣味だ」という人もいるが、「好きでやっていること」なら、多少ハードでも、それほど疲れないことが多い」
この文章をリスト化すると、次のようになる。

　　多趣味な人は……ない。

　　趣味が多いと……できる。

　　「趣味なし」という人は……ない。

　　好きでやっていることは……多い。

こう整理すると、それぞれの文の主語、あるいはそれに相当する語が、「趣味」か趣味に関する語句から成り立っていることがわかるだろう。

　もう一つ、並列型の例をあげよう。

〈並列型の例2〉

◇「真珠は、真珠貝採取潜水夫といわれている女性が採取する。しかし、この女性は実際には潜水はしない。彼女たちはロープを使って海の底まで降りていくのである。真珠を収集するこういう女性たちは組になって仕事をし、一人が海上にいて、採取して海中から戻ってくる相手を助けるのである。経験を積んだ女性は、一回に一分半も潜り、1日に30回もする」

この例も、各論の主語をすべて「真珠貝採取潜水夫の女性」

でまとめている。このように、主語が統一されているのが並列型の特徴である。

　この主語の統一というルールを破ると、とたんに文章がわかりにくくなる。たとえば、例1の第一文のあとに、「ノイローゼになる人が、現代社会では増えている」という文を入れて考えてみてほしい。パラグラフの途中で、前後の文とはまったく関係のない語を主語にした文が出てくると、読み手を戸惑わせるだけである。

〈並列型のパラグラフ構成法〉

Aとは……である。（総論）

　A1は……である。（各論）

　A2は……である。（各論）

　A3は……である。（各論）

4.11.2　直列型

　並列型が一つの主題を説明するのに適したパターンであるのに対して、直列型は、ある物の動きや道順を教えるようなときによく用いられるパターンである。たとえば、道順を教えるとき、

　「駅を出て右へ行くと銀行があります。その銀行の角を左に曲がってしばらく行くと、左側に交番があります。そ

の交番から二つ目の角を……」

というように、「銀行」「交番」などのキーワードを順に登場させ、次の説明につなげていく。このように、文が次々にチェーンのようにつながっていくのが直列型である。

この直列型をわかりやすく書くコツは、並列型と同様に、主語の選び方にある。並列型では、各文の主語を統一することがだいじだったが、この直列型では、前文の中の述部のキーワードが次の文の主語になると、ひじょうにスムーズにつながっていく。例文を二つほどあげてみよう。

〈直列型の例１〉

◇「バッテリーは一種の容器であり、中に酸性溶液がはいっている。この酸性溶液は、電解液と呼ばれる。電解液の中に、銅と亜鉛の棒がはいっている。これらの棒を極という。銅極と亜鉛極の先端は、電解液から突き出ている。突き出た銅極の先端に線の一端を結び、突き出た亜鉛極の一端へ線の他端を結ぶ」

この文では、

　　　バッテリーは酸性溶液

　　　　　　→酸性溶液 … 電解液

　　　　　　　　→ 電解液 … 棒

　　　　　　　　　　→ 棒 … 極

といった具合に、前文の述部のキーワードが、次の文の主語になっている。どの文も、この原則をきちんと踏まえて書かれている。だからこそ、大変わかりやすい文章になっているのである。

〈直列型の例２〉

◇「飛散した水銀は恐ろしい危険を引き起こすため、実験室では飛散した水銀を清掃する対策を考える必要がある。水銀は、密度が高く、表面張力が大きく、かつ粘度が低いため、注ぐときに飛散しやすい。飛び散った水銀は水銀滴となり、四方に散乱する。飛散水銀を収容し、清掃を簡単にするため、水銀を使用する実験台はすべて囲うべきである」

この文をチャート化すると、次のようになって、展開法がすぐ把握できる。

飛散した水銀は…… 飛散した水銀を清掃する……
　　　　→水銀は、… 飛散しやすい
　　　　　　→飛び散った水銀は…散乱する。
　　　　　　　　　→飛散水銀を…。

〈直列型のパラグラフ構成法〉

Aとは……Bである。（総論）
　　　　Bは……Cである。（各論）

Cは……Dである。（各論）

Dは……Eである。（各論）

4.11.3　並直混載型

　並列型と直列型の二つのパターンを頭に入れておけば、わかりやすいパラグラフ構成はできるはずだ。たとえば、第一文が総論で、「Aは、B→C→D→Eである」というようにいくつかの要素をあげたら、各要素を順に、並列型か直列型のどちらかのパターンで説明すればいいのである。

　ただ実際には、この二つの型のどちらにもおさまりにくい場合がある。そのときは、「並直混載型」を用いることになる。

　並直混載型では、文に流れはあるが、途中でちょっと横道へそれるような気がする。しかし、これが大切なところでもある。講義などを聞いているときに、ノートにとりにくいが、そこで述べられていることに関して必要な知識である、ということがある。そうした知識を加えていくのが、並直混載型だといってもいいだろう。

〈並直混載型の例〉

◇「実験室で起こる水銀中毒の可能性を減らすために、さ

らに安全策をとらなければならない。第１に、水銀を常時取り扱っている実験室内での喫煙や飲食を禁止する。喫煙は水銀蒸気を直接体内に吸い込むためとくに危険である。第２に、水銀蒸気の量を測る測定器の購入を勧める。そして測定器で、使用中、および清掃後の水銀蒸気の量を測定する。第３に、水銀蒸気をその発生源で抑えるための専用排気システムを設置する。このシステムには外部へ排気しないうちに水銀を集める濾過装置を付けなければならない」

この文は、次のような構成になっている。

実験室で起こる水銀中毒の可能性…とらなければならない。（総論）

　第１に、水銀を…喫煙や…禁止する。（各論）
　　　　　　　→ 喫煙は…危険である。（各論の副文）
　第２に、水銀蒸気の…測定器の購入を勧める。（各論）
　　　　　　　　→ 測定器で、…水銀蒸気の量を測定する。（各論の副文）
　第３に、水銀蒸気を…排気システムを設置する。（各論）
　　　　　　　→システムには…付けなければならない。（各論の副文）

こう見ていくと、まさに並列型と直列型の二つがミック

スされたものだということがわかるだろう。

4.12 「起承転結」は実用文には不向き

日本には昔から、「起承転結」という文章作法がある。これは漢詩の構成法に由来するもので、4行の詩（絶句）の場合、第1行の起句で詩想を起こし、次の承句で起句を受け、第3行の転句で詩想を一転させて、第4行の結句で詩想をまとめる。この「起承転結」が日本人は大好きなのだが、詩や小説ならともかく、ビジネス文や論文では「起承転結」は困る。

というのも、「起」とそれを受ける「承」はいいのだが、「転」で読み手の足もとをすくうので、読み手は戸惑うからである。たとえば、有名な唐詩『春暁』を例にとってみよう。

「春眠暁を覚えず　処々啼鳥を聞く　夜来風雨の声　花落ること多少なるを知る」

第1句では、春の朝の目覚めについてふれ、第2句では、鳥の鳴き声を用いている。それが、第3句では一転して、そういえば昨夜は雨風の音が聞こえたなあ、と思い起こす。この「そういえば」がビジネス文や論文では困るのである。それまでパソコンについて書いていたのに、急に、話が携帯電話に飛んでしまうようなものだ。こんな調子では、パ

ラグラフの一貫性が失われ、読み手は混乱するだけである。

同様に、起承転結を教えるものとして昔からよく知られているうた（頼山陽作と伝えられている）を例にとれば、

「大坂本町　糸屋の娘」

と始まるので、読み手は、次の主語に「大坂本町」か「糸屋の娘」がくると期待する。期待どおりに、

「姉は十八、妹は二、八」

と続けば、次に期待する主語は、ビジネス文や論文であれば「姉」である。しかし、つぎは、

「諸国大名は　弓矢で殺す」

と、まったく読み手の期待に反する文が出てきて、読み手は足もとをすくわれてしまうのである。そして、

「糸屋の娘は　目で殺す」

という結論で終わる。

要するに、「転」がビジネス文や論文には不向きなのである。にもかかわらず、日本では長いあいだ、この起承転結が文章の基本だとされてきたせいか、論文でも起承転結で書けと教える人がいまだにいる。無茶な話だ。

実際、日本人が書くビジネス文や論文では、一つのパラグラフに、「転」が頻出するものが少なくない。「ところで」などと書いて、突然、別な話題を持ち出すのである。その

ため、書き手も収拾がつかなくなって、何を伝えたいのかわけのわからないパラグラフになってしまうことも珍しくない。

　結婚式のスピーチでも、聞き手をイライラさせるのは「転」の多いものである。ようやく話が終わるかなと思っているときに、「ところで」と話を「転」じて、クドクドとやられたら、聞き手はうんざりするだけでなく、話の内容も、何が言いたかったのかさっぱりわからない、ということになりがちだ。

　実用文では、詩の「転」の手法は通じない。私は、実用文の指導のとき、よく冗談まじりに、「詩という単語は、言葉が寺に行くことを意味し、詩は死に通じる」と言っている。どうしても「転」の話題が書きたいのなら、別のパラグラフを作って、そこで書くか、別な文書にするかである。

4.13　段落は総論（結論）から始める

　上司に報告をしたり相談するとき、「結論を先に言え」と注意されたことのある人が多いのではないだろうか。たとえば、得意先に納めた冷蔵庫が故障し、点検に行った社員が、上司に次のような報告をしたとする。

◆「まず、スイッチの部分に異常があったので直しました。冷凍庫のところも、ちょっと問題があるようなので見ました。あと、製氷機の使い方ですが……」

こんな調子では、多忙な上司ならずとも、「結論を先に言え」と言いたくなる。いや、そればかりではない。こういう報告をえんえんと聞かされると、肝心のポイントが頭にはいらない。

ビジネス社会では、結論を先に言うのが原則である。前記の報告も、次のようにすれば、上司もイライラせずにすむ。

◇「問題の冷蔵庫は、無事直りました。なお、故障原因はスイッチ部分にありましたが、ほかに冷凍庫や製氷機も正しく使っていただけるよう説明してきました。……」

実用文を書く場合も、まったく同じである。この結論にあたるものを、私は「総論」と言っているが、パラグラフの最初に、総論（結論）を書く。要するに、総論とは、そのパラグラフ内の主要な内容について、データ（各論）からまとめた要約である。したがって要約文といってもいい。総論についての説明（各論）は、そのあとにすればよい。そうすることによって、読み手はひじょうに内容が理解しやすくなる。

各パラグラフの最初に「結論があり」。それによって内

容のあらましがつかめれば、読み手は、それに続く文章を読まずにすませることもできる。

　私たちの思考は、各論（データ）から総論を導き出すのがふつうである。この総論は各論から判断した、自分の意見である、自分がその文章でいちばん言いたいことであり、「読み手がいちばん知りたがっていること」だと思ったほうがいい。

4.13.1　総論も具体的に書く

　日本人は「総論」というと、とかく抽象的なものを考えやすい。その典型が、国会での官僚の答弁だろう。具体的な結論を言わずに、「前向きな姿勢で検討したい」といった類の抽象的な発言をするので、聞き手はさっぱり要領を得ない。

　よく使われる「総論賛成、各論反対」という言葉も、考えてみればおかしな表現である。本来、総論と各論は直結したものだから、総論には賛成で、各論には反対、ということはありえない。にもかかわらず、総論と各論を分けて考えるのは、日本人が総論を抽象的なものだと考えているからだろう。こうした「総論意識」は、実用文にも顕著に現われてくる。「段落の第1文は総論を書きなさい」と教

えると、ひじょうに抽象的な文章を書いてしまう人が多いのである。

　しかし、実用文や論文は、抽象的な問題を抽象的に論ずるためにあるのではない。あくまでも、具体的な問題を具体的に論じるためにある。だから、当然、総論も具体的でなければならない。総論は各論から判断した自分の意見であるから、明確に一つの概念や問題点を述べるように心がけたほうがいい。

　たとえば、

◆「A街道のバイパスをつくることは、論議に値する問題である」

と書いては、この文では内容があいまいである。次のように書けば、書き手の言いたいことがはっきりする。

◇「A街道のバイパスを建設すると、交通量が多くなると、住民の多くは建設に反対している」

◇「バイパスの建設は、費用・交通量から見て問題がある」

また、総論は、その段落全体の意味を伝える要約文である。そのためにも、かならず主語と述語をもった完全な文の形にする。表題を書くとき「新型テレビの特徴について」のように句の形にしてしまうと、意味が曖昧になり、焦点がボケやすい。これを「新型テレビは、従来のものより画像

が2倍も鮮明である」と書くと明確になる。次に、各論でその理由を説明すればわかりやすくなる。

4.14　各論の並べ方に注意する

文章指導をするとき、私はよく昔話の『ももたろう』をひきあいに出す。その際、「ももたろうの家来の登場順が言えますか」とたずねると、イヌ、サル、キジが家来だということは、ほとんどの人が知っているが、登場順になるとあやしくなってくる。答えは、イヌ、サル、キジの順（ただし、昔はイヌ、キジ、サルの順に登場していた）。

なぜ、このようなことを問題にするかというと、日本人が書く実用文には、オーダー（順番）への配慮が欠けているため、わかりにくくなっているものが多いからである。たとえば、コーヒーの粉を買ったら、次のような注意書がついてきたとしよう。

◆「本品の最高の香りを味わっていただくために、次の点にご注意ください。

① 開封後は、しっかりふたのしまる容器で保存してください。

② 開封後、二週間以内にお味わいください。

③ 冷蔵庫に保管すると風味が保てます」

おいしいコーヒーを飲むためには、①～③のうち、②がいちばん重要ではないだろうか。また、①と③はどちらも保存法についてふれているので、この二つを離しておくより、近づけたほうが具合がいい。つまり、この注意書は、②①③の順に並べかえると、よりスッキリする。

　このように、各論を並べるにも順序がある。1章でも説明したが、

　・重要度順：重要度の高いものから低いものへ並べる
　・時間順：時系列にそって並べる。
　・空間順：左から右へ、上から下へ、時計の針の回る方
　　　　　　向へ、前から後ろへなど、一定の順で並べる
　・アイウエオ順

このいずれかの順序で各論を並べる。各論が乱れると、読み手が混乱し、作業ができなくなる。

　『ももたろう』では、先にもふれたように、"イヌ → サル → キジ"の順で登場してくるが、そのあとで家来たちについてふれるときは、かならずこの順を守っている。だからこそ、子どもが聞いてもわかりやすいのである。

　「パラグラフは、総論から各論へ」というのもオーダーの一つだが、書くまえに各論の並べ方にも注意することをぜひお勧めしたい。

4.15 序文、本文、結論の構成がわかりやすい

　同じ内容でも、どう構成するかで、わかりやすくもなればわかりにくくもなる。このことは、パラグラフの構成法でもふれたが、文章全体でも同様のことが言える。内容ももちろん大事だが、読み手にわかりやすい構成法を考えることも、それに負けず劣らず大事なことである。

　その構成法だが、10ページ以上にもわたる論文でも、1ページで終わるビジネス文書でも、基本的な考え方は同じである。つまり、序文、本文、結論と、全体を3つの要素で構成していけば、誰が書いても読みやすい形になる。

　まず、ここでいう序文では、その文書の主題を述べる。言ってみれば、文書全体の総論で、目次のような役割も果たしてくれる部分だ。

　序文では、先ず目的を述べる。本文では、序文で述べたことを、データを使って詳しく述べながら検証していく。必要なら、図やグラフで図示していく。結論では、本文で下した判断や証明した点や、今後行なうべき事柄があれば、それを述べる、という具合になる。

　このように、論文やビジネス文では、全体の構成でも「起承転結」の形はとらない。言ってみれば、「序破急」の三部構成をとるわけだ。英文でも、実用文の書き方を指導す

るときは、三角形などを描いて、三部構成をとることを勧めている。

4.15.1　序文では必ず「目的」を書く

　学生時代、小論文やレポートを書いた体験は誰でもあるだろう。社会に出てから書く実用文を、学生時代に書いたレポートの延長だと考えている人もいるようだが、それではよい実用文は書けないといってもいい。というのも、学生の書いたレポートの読み手は教師であり、教師は学生を指導する立場からも、わかりにくい文章でも、しんぼう強くつきあってくれるからである。しかし、多忙な審査員や上司やお客は、そうそうがまんしてくれない。理解しにくい文書では、読まずに捨てられたとしても文句は言えないのである。

　読み手に読んでもらうためにも、文書を構成する際に注意したいのが、序文で、その文書の「目的」を示しておくということである。どのような文書にせよ、実用文にはかならずなんらかの目的がある。実用文では、この目的を最初で述べることが第一要件である。

　この目的は、場合によっては、書き手にも読み手にも"自明の理"としてわかっていることもある。しかし、かりに

わかりきった目的であっても、目的は最初にきちんと書いておいたほうがいい。目的が明示されていないと、読み手は、最後まで読んでも、書き手がいったい何について何のために書いたのか理解できず、いったいなんのことやら、ということにもなりかねない。アメリカでは目的を書かない人は文書を書く資格がない、とまで言われている。

　読み手が多忙な人の場合、一語一句、最後まで注意して読んでもらえるとはかぎらない。しかし、たとえ飛ばし読みをするときでも、その文書の目的が読み手にわかっていれば、内容を誤解されることなどはないはずで、伝えたいことをきちんと理解してもらえるだろう。

4.15.1.1　「目的」には２つあり、問題点をはっきり書く

　読み手の理解を助けるためにも、実用文や論文では最初に目的を書くことが大切だが、この目的をどう書いたら、よりわかりやすくなるかを、ここでは考えてみよう。私は、実用文の書き方を指導する際、目的には、①問題点、②技術上の目的（調査したこと）、③伝達上の目的（自分の要望）の三要素を書く必要であり、この順で展開していくと、読み手に理解しやすくなると言っている。

　まず問題点だが、企業や組織体が活動していると、なん

らかの問題がつねに存在しているはずだ。そうした問題があるからこそ、各種の文書を書く必要も生じてくるのだが、読み手がつねに書き手と同じ問題点に気づいていたり、意識していたりするわけではない。そこで、まず問題点についてふれ、読み手の意識を喚起する必要がある。逆に、なぜ書いたのか、その理由がはっきりしないと、読み手は自分であれこれ推測しなければならなくなり、誤解が生じやすくなる。

　問題点をはっきりさせたら、次は、技術上の目的である。これは、自分が何をしたかである。つまり、調査したことといってもよい。書き手にとってはわかりきったことなので、省略する人が多いのだが、読み手の立場を考えれば、きちんと書いたほうがいい。

　次に、伝達上の目的だが、これは、提案をしたいのか、検討してほしいのかなど、要するに、その文書で何が言いたいのかということである。これがないと、読み手は書き手の意図を推論せざるをえなくなり、ここでまた、読み手をイラつかせることになる。

　この「問題点 → 技術上の目的 → 伝達上の目的」の例を示すと、たとえば、
◇「①自然とふれあう機会が減る一方の現代では、子ども

の情操教育をどうするかが大きな問題になっています。②そこで当社では、小さな子どもにも簡単にできる押し花器を開発いたしました。③この案内状は、本押し花器のすぐれた点をご理解いただくためのものです」

ここでは、①が問題点、②が技術上の目的、③が伝達上の目的になる。

このように、3つの要素で「目的」を示していけば、読み手の頭もスッキリ整理され、そのあとに続く文章(本文)も頭に入りやすいはずだ。この「目的」の例をもう一つあげておこう。

◇「○月○日、製品Aが不良品だとして返品されてきた(問題点)。製品Aの使用テストを行ない、トラブルの原因を調べた(技術上の目的)。本レポートは、使用テストの結果を述べ、品質管理法の修正を提案するものである(伝達上の目的)。」

4.16　見出しにつける記号は統一する

何十ページにもわたる長い報告書などの中に、大項目、中項目、小項目などが区別しにくくて、実に読みにくいものがしばしばある。2、3ページで終わる報告書でも同じなのだが、そういうゴチャゴチャした文章に共通していえ

ることは、見出し記号の使い方が実に拙(つたな)いことだ。こういうものは、えてして中身までいいかげんな印象を与えてしまうから、たかが記号などとは言っていられなくなる。

　たとえば、ある機械の説明書一つにしても、その構成要因は、素材から始まり、性能、使用上の利点・欠点、使用後の手入れの問題など、さまざまあるだろう。それをいっしょくたにして一つの文章で説明しようとしても、わかりにくくなるだけだ。こうしたときに、読みやすくする工夫として、大項目、中項目、小項目などに分け、見出し記号を統一することがあるというわけだ。

　ここではもっとも一般的でわかりやすい自然科学関係で多用されている分類体系をあげてみよう。

1. 知っておきたい不可欠の要素
　　1.1　用語の選択
　　　　1.1.1 機能語
　　　　1.1.2 内容語
2. 気を配りたい論理構成
　　2.1. 配列順序
　　　　2.1.1 重度度順
　　　　2.1.2 時間順
　　　　2.1.3 空間順

3. 文構成
　3.1 短文結合
　3.2 一文一概念
　3.3 段落構成
………

が一般的である。

これは横書きの場合だが、縦書きなら、第一段階の見出し（一、二、三、……）、第二段階（(1)、(2)、(3)、(4)……）、第三段階（ア、イ、ウ、エ、オ）という具合に使い、さらに必要なら、第四段階（(ア)、(イ)、(ウ)、(エ)、(オ)）を用いる。もっと細分化したければ、(a)、(b)、(c)や、ⅰ、ⅱ、ⅲを使う。

何ページもわたる文書は別として、「第1見出し、第2見出し、第3見出し」の3見出しでまとめるようにとアメリカでは指導している。

5章
明確な文章を書くための
8つの基本公式

　実際に文章を書く際、知っておきたいのが、文章を論理的に構成するコツである。まえに、各パラグラフは、総論と各論で構成すると説明したが、この総論と各論が論理的に結ばれていなければ、理解しにくい文章になる。

　こうした文章の展開法について、この章では、内容面から考えて、8つのパターンを紹介しよう。いずれも、実用文ではよく使われるパターンで、書くテーマや目的によって、適切なものを選べばいい。

　また、この展開法は、いくつかのパラグラフをつないで文章を構成していく際にも、そのまま使える。言ってみれば、文章を書く「公式」のようなものである。また、実用文は、大きく分けると、相手に何かを報告するタイプと、相手を説得するタイプの二種類がある。前者を「報知のパターン」、後者を「説得のパターン」ということにする。

　ビジネス社会では、よく「コスト意識を持て」と言われる。簡単な報告書一枚を書くのに何時間もかけていたら、それ

こそ「コスト意識がない」と上司から思われるだろう。実用文は、限られた時間の中で書かなければならないことが多い。そうしたときこそ、ここにあげた8つのパターンは役に立ってくれるはずだ。わかりやすい論文などを書くときにも、ここで紹介する「公式」を活用してほしい。

なお、「報知のパターン」「説得のパターン」は篠田の造語である。

5.1 報知のパターン

データとして残してもらいたいために、知らせたり、説明する文書を書くときに「報知のパターン」を使う。これには、次の4つのパターンがある。

- 対象物やプロセスや概念を各要素に分けて説明したいとき　→ 分析法
- 物理的に働く装置や地図などを図や表で説明したいとき　→ 記述法
- 料理のつくり方のように、何かを時間を追って説明したいとき　→ プロセス・因果関係・指示
- 何かのテストや実験をしながら調査したとき　→ 調査研究

次に、これらの方法を一つずつ説明していこう。

5.1.1 文章展開の公式1　分析法

　分析のパターンは、対象物やプロセス、概念を各要素に分けて説明する場合に使う。はじめに、各論のまとめとして総論を述べる。次に、各要素を重要なものの順か、論理的な関係に従った順序で述べていく。

　このパターンのポイントを要約すると、次のようになる。

① 分析する対象物やプロセス、概念を要約し、その構成を項目別にする。
② 各要素を重要な順に述べる。
③ 対象物、プロセス、概念を再び述べ、必要があれば解説をつける。

最後の、③はないこともある。例をあげてみよう。

〈例〉平成湾の栄養源を減らす方法を考えるまえに、栄養過剰の原因になっている3つの要因を明確にしなければならない。第1は、自然に生じたものであり、湿地や湖や表土に有機物質の腐食したものがはいり込み、それが平成湾に流れ込んだものである。第2は、作物や芝生に用いられる無機質肥料であり、これが洗われて平成湾に流れ込んだものである。第3は、工場からの排水が流れ込んだものである。

この例では、最初に、総論を述べ、次に、各論で3つの要因を明確に述べている。総論から各論への論理構成で、各論の並べ方は、自然から人工へ、そして人工の中でも、有機物質の腐食したものと関連した無機質肥料を先にあげるという論理的関係に従っている。細かいことだが、第1文で「…あり、…である。」第2文でも「…あり、…である。」と並列法で文章を展開している。

この分析のパターンは、あることを知らせたり、説明したりするときによく用いられる。新入社員に社会人としての心構えを説明したり、大気の構成要素について述べたりする場合などは、このパターンを用いると都合がいい。

5.1.2　文章展開の公式2　記述法

記述のパターンは、物理的に働く装置や地図などを図や表を伴って説明するときによく用いられる。わかりやすくいえば、「ある物がどのように見えるか」を述べるものである。表の説明にも最適である。

記述法は、パラグラフのはじめに、対象物の概要を述べ、次に各部分を、それらの位置関係に従った順序で一つひとつ述べていく。たとえば、受信機の説明をするなら、まず信号を受信する方法から始め、次に受信した信号を変調す

る方法、最後に、変調した信号を送信する方法を述べるといった具合である。

このパターンのポイントを要約すると、次のようになる。
① 対象物の働きの概略を述べる。
② 対象物の構成要素を、できれば図などを使って説明する。
③ 構成要素を順に説明する。

例をあげてみよう。

〈例〉ガソリンエンジンの主流は、やはり、レシプロエンジンである。これは、ピストン、シリンダー、コンロッド、クランクシャフトの4つの主要部分からできている（図1）。まず、ピストンの運動によって空気を吸い込み、その空気に適当量のガソリンが混ぜられて、燃えやすいガスができる。このガスは、ピストンとシリンダーによって圧縮される。このガスに火をつけて爆発させると、ピストンが押され、このピストンの動きが、コンロッドを経てクランクシャフトを回転させる。これが、レシプロエンジンの作動原理である。

この例では、最初に、総論を述べ、次に、各論で、その

構造と働きを順を追って述べている。この記述のパターンを使うときは、略図や設計図や表などをつけたほうがいい場合が多い。

　文書全体をこの記述法を用いて書く場合も、先に述べたのと同じ展開をとればいい。つまり、第一パラグラフでは、対象物全体の機能の概要を述べる。その目的を説明し、主な構成要素を紹介し、動作原理の解説をするわけである。次のパラグラフからは、対象物を物理的に述べていく。その際、対象物の主な特徴を、系統立てて述べていくように注意する。この記述が、次に続く機能の説明に結びついていくからである。

　最後に、対象物の機能を述べる。各部分がどのような関係にあるか、何が起こるかを順番に述べていく。

　この例で注意することは、レシプロエンジンについて説明するのだからといって、いきなり「図1でレシプロエンジンを示した」などと書き始めないことである。このような書き方で始めると「だから何ですか」「なぜ示したのですか」のような質問を受ける恐れがある。概要から述べていくと、この恐れはない。

5.1.3 文章展開の公式3 プロセス・因果関係・指示

　料理の手順のように、そのプロセス（手順；過程）を時間順で書いていかないと、読み手が理解しにくくなるものが意外に多い。このプロセスのパターンは、何かを時間を追って説明する場合に使う。また、プロセスだけでなく、因果関係や指示なども、起こった順かこれから起こる順に書くのが普通である。

　まず、総論の部分では、プロセスの目的を述べることが大事である。場合によっては、一連のプロセスを主要ステップに分けて、その概要を示しておくとわかりやすい。次に各論で、プロセスを一つひとつ説明していく。

　このパターンのポイントを要約すると、次のようになる。

① プロセスの目的、方法を紹介し、そのプロセスの基本ステップを明確に述べる。
② プロセスを説明するのに必要な部品や対象物を述べる。
③ プロセスを、ステップごとに順に説明する。

例をあげてみよう。

〈例〉品評会で鳥を最高の状態で見せるためには、温水のなかで中性洗剤で洗い、完全にゆすいでから乾かすとよ

い。鳥を洗うには、羽に逆らってではなく、羽にそって石鹸水をなでつけて根気強く洗うことだ。羽を乱さないようにして、油や汚れをすべて落とす必要がある。次に、きれいな温水で鳥を二、三回ゆすぎ、洗剤が完全に落ちるように注意する。完全に落ちていないと、乾いた後で、羽どうしがくっついてしまうからである。最後のゆすぎでわずかに青みをつけると、羽の白さが際立つだろうが、つけすぎると羽が青くなる。羽を乱さないように注意して、柔らかいタオルで完全に水分を拭き取る。きれいな乾いた籠の中に鳥を入れ、暖かい部屋に5時間ほど置く。

　この例では、最初に、総論を述べ、各論で「洗い方、ゆすぎ方、乾かし方」を手順を追って説明している。
　このプロセスのパターンは、手順だけでなく、たとえば、書類申請の際の受付けから交付までの過程を説明するものや、列車事故のような因果関係につながるできごとを述べるものなど、広く応用できる。また、マニュアルはこの手順で説明しなければ使用者は理解できないばかりか、機械が使えないことになる。
　また、このパターンで文書を構成していくには、初めの

パラグラフで目的を述べると同時に、方法と基本ステップを述べるので、この基本ステップをわかりやすくするため、フローチャートやブロック図を使ってもいい。次に、プロセスを理解するのに必要な部品や機器、対象物があれば、それを説明したうえで、ステップごとのプロセスを説明していく。だいじなのは、一連の流れやできごとが読み手の頭には入りやすいよう、各ステップを説明するとき、細かい各論に入る前に、その機能について述べておいたほうがいい。

5.1.4 文章展開の公式4 調査研究

　文字どおり調査か研究した内容を説明する場合に使うのが、この方式である。「しかじかかくかくのことをしました」という内容のことを書くのに、このパターンを使う。調査か研究といってもいろいろあるが、とくに何かについてテストや実験を行ない、そのテスト方法の結果から結論にいたる過程を述べるパラグラフなどは、このパターンを用いるといい。学校の論文やレポートもこのパターンを使うと理解しやすい。

　このパラグラフの展開は、まず、調査研究の目的や方法の概要を述べ、必要があれば、材料や基準を系統立てて説

明する。次に結果を述べ、必要なら、結果を分析する。最後に、結論を明確に述べるわけだ。

このパターンのポイントを要約すると、次のようになる。

① 研究の目的を述べる。
② 仕様、基準、技術背景を説明する。
③ 研究材料、研究方法を項目別に述べる。
④ 結果を述べる。
⑤ 結果を分析し、結論を導き出す。
⑥ 結論を解説し、推奨に導く。

実例をあげよう。

〈例〉A機が振動・衝撃に対してどの程度まで耐えられるかを調べる一環として、落下テストを行なった。A機を静止状態からコンクリート床の上に落下させ、破損度を調べた。落下する距離は、30センチからはじめて、10センチきざみで、150センチまでとした。各段階において3台ずつ行なった結果、落下距離一メートルまでは、機械本体・性能に落下による影響は見られなかった。A機の使用目的から考えて、衝撃には十分すぎるほど強いと考えられる。

この例では、最初に、総論で目的を述べ、次に、各論でテストの方法を述べ、結果、結論を述べている。技術的な論文やレポートでは、昔からよく用いられているパターンでもある。

展開としては、最初のパラグラフで研究の目的を述べ、問題は何か、何を解決しようとしているかを明確にする。次に、技術的背景や仕様などを述べていくが、用いられた材料や方法が読み手になじみの薄いものなら、十分に説明する必要が出てくる。このパターンのポイントはすでに述べたとおりだが、④の結果では、得られたデータの中から必要なものだけを述べるようにする。また、⑤で結果を分析することによって、結論を説明したり、立証したりしていく。最後に結論の解説では、研究目的と結論との関係を示すことが必要である。

5.2 説得のパターン

これまで説明してきた、分析法、記述法、プロセス（因果関係、指示）、調査研究の4つのパターンは、主として、知らせたり、説明するためのものである。これらを報知するタイプとすると、これから説明する4つのパターンは説得タイプといえよう。なお、これらの2つのグループで、

報知タイプは、総論で述べた主旨を各論で説明するという基本構成をとり、説得タイプでは、総論で述べた主旨を各論で支持する（立証する）という基本構成をとる、という点からも区別される。この場合の「総論」は「結論」といってもよい。説得のパターンには、次の種類がある。

結論か推奨を誰かに納得させたいときに結論を支持する文書

- 自分の考えや意見を認めてもらいたいとき
    - → 説得法
- 問題点を発見し、その解決法を示したいとき
    - → 問題・解決
- 原因なり、結果なりを明確にしたいとき
    - → 原因・結果
- 二つ以上の物の優劣や相違点を立証したいとき
    - → 比較/対照

5.2.1　文章展開の公式5　説得法

これは結論を支持することが目的の場合に使われる。このパターンでの構成法は、まず結論を述べたあと、結論に対する第一の支持内容（もっとも有力な指示内容）を書く。次に、第二の支持内容やその他の支持内容を説明し、最後

に、他を支持する意見や、結論に対する反論があれば、それを反証する。一般に、このように反論を述べた場合は、パラグラフの締めくくりに、結論をもう一度繰り返しておいたほうがいい。

このパターンのポイントを要約すると、次のようになる。

① 結論を述べる。
② 結論を支持する理由を、重要な順に述べる。
③ 必要があれば、予測できる反対意見に対して、その反論を書く。
④ 結論を繰り返す。

実例をあげてみよう。

〈例〉雑誌○○への広告出稿は、今後取りやめるべきだと考えられる。出版協会調査によると、○○の読者層の低年齢化が顕著であり、当社製品の購売層とのあいだにズレが生じている。また販売部数も減少傾向にあり、広告効率が悪くなっている。雑誌○○に代わる媒体を至急選定するか、別の広告法を検討すべきだろう。

　この例には③は書かれていないが、説得のパターンは、

結論や推奨事項を読み手に支持してもらいたいときや実行してもらいたいときに使うことが多い。この説得のパターンは、セールスパーソンの売り込みなどにも通じる。また、法律文の多くが、このパターンを利用している。

このパターンでまとめる際には、第一パラグラフで基本となる結論を述べる。次に、結論を支持する理由を重要なものから順に一つずつ説明していくわけだが、内容が長い場合は、理由の一つずつがそれぞれ一パラグラフになる。短い場合は、関連した内容を一つのパラグラフでまとめるといいだろう。次に、反論事項があれば反論を書くが、このとき注意したいのは、結論を支持する内容にくらべて、反論を多く書きすぎないということだ。反論を書いたら、もう一度結論を書くといい。

5.2.2 文章展開の公式6 問題・解決

仕事では、日々のルーチンワークをこなすだけでなく、問題を発見し、その問題を解決することが、ひじょうに重要なことである。この問題・解決のパターンは、問題の解決法を示したり、疑問に対して答えたりすることを目的としている場合に用いられる。

このパターンでは、パラグラフの最初に問題点を述べ、

必要ならば、その問題についての説明も加える。次に解決法を重要なものから順に、あるいは論理的な順に従って、一つひとつ説明していく。提案書はこのパターンを用いると効果がある。

　ここのパターンのポイントを要約すると、次のようになる。

① 問題（あるいは疑問点）の概要を述べる。
② 解決の基準を示す。
③ 解決（回答）の概要を述べる。
④ 重要なものから順に、解決法を解説する。
⑤ 必要なら、不完全な部分の補足説明や、別の解決方法を採用しなかった理由を説明する。

例をあげてみよう。

〈例〉社員食堂はセルフサービスシステムをとっており、食事後、食器は使用者が所定の食器置場に戻すのが決まりとなっている。しかし、最近、食器をテーブルに放置したままの人が増え、利用者からの苦情があいつぎ、早急に対策を講じる必要がある。対策としては、まず、食堂利用のマナーを守ることを呼びかけたポスターを、食堂および社員掲示板に掲示し、社員に注意

を喚起する。また、食器置場の位置を出口近くに移動し、食器を運びやすくすることも必要である。この二点の実施で、かなりの成果が期待できる。

この例では、まず、社員食堂の利用状況の問題点をあげ、次に、ポスター掲示と、食器置場の移動という二つの解決案を示している。

このパターンで文書を構成していく際は、第1パラグラフで、問題や疑問についての概要を述べる。場合によっては、問題を解決することがいかに大切かを強調したほうがいいこともある。次に、解決の基準を述べた上、解決や回答を述べていく。その際、設定した問題に対して、その解決法が適していることを説明する必要がある。その上で、解決法を重要なものから順に解説していく。最後に、必要なら不完全な部分を補足したり、解決法についての説明を加えたりする。

5.2.3　文章展開の公式7　原因・結果

「問題」の中には、その原因なり結果なりをはっきりさせなければならないものがある。たとえば、食中毒が起こったら、その原因をはっきりさせなければいけない。これは

結果から原因を立証するものである。また、現在の販売方法を続けると食中毒の原因になりやすいという意見などは、原因から結果を推測することになる。このように原因・結果を立証したいときに使うのが、このパターンである。

このパターンでパラグラフを構成していくには、まず総論で、原因と結果の関係を述べる。「AがBの原因である」あるいは「BがAの結果である」という形になろう。

次に、AがBの原因になる、あるいは原因と推測できる過程を説明していく。BがAの結果になる、あるいは結果を推測できる過程を説明していくことになる。この説明は、原因から結果へと説明する場合と、結果から原因を追及していくときに使う。時間順か、場合によっては、重要なものから順に述べていく。

つまり、

　　原因 → 結果a → 結果b → 結果c

あるいは、

　　結果 ← 原因a ← 原因b ← 原因c

の説明順になるのが普通である。

このパターンのポイントを要約すると、次のようになる。

① 問題点（原因または結果）を述べ、結論を予測する。
② 結論を立証する。原因（結果）の分析を重要なもの

から順に配列する。

③　その他のありそうな原因を予測して、それに反証する。
例をあげてみよう。

〈例〉A市特産の梨の品質低下は、梨栽培地周辺の宅地化に原因がある。A市は、近年宅地開発が進み、梨栽培地の周辺まで住宅が建ち並ぶようになった。この住宅の生け垣や庭木に多く用いられているのが、カイヅカイブキやクマイブキなどのビャクシン類である。ビャクシン類は赤星病の中間宿主となるので、住宅地近辺の梨栽培地に赤星病が多発し、品質低下を招いた。

　この原因・結果のパターンで文書を構成するには、第1パラグラフで、疑問になっている問題点の概要について述べる。その際、それが原因についての疑問なのか、結果についての疑問なのかをはっきりさせておくことがだいじだ。また、まえもって結論を予測し、それを述べておく必要がある。

　次に、予測される原因や結果を一つひとつ分析して、結論を立証していく。原因や結果がいくつかある場合は、重

要なものから順に述べていく。その原因や結果を支持する理由がいくつかある場合も、やはり重要度順に述べる。なお、原因や結果が変わるたびに、パラグラフを変えていくといい。

5.2.4　文章展開の公式8　比較/対照

「比較」も「対照」も、ふつうは、比べあわせるということで、同じような意味で使われているが、私がこの言葉を使う場合は、いちおう区別をつけている。つまり、同じくらべるにしても、そこに「いい・悪い」「大きい・小さい」などの判断ができるときは「比較」、そうした判断をいれず、ただくらべるだけ、つまり、"同じ"か"違う"かが知りたいときが「対照」というわけである。

この比較/対照のパターンは、いろいろな選択肢の中から一つを選んだ理由を述べるときに使われることが多い。また、他の物との類似点や相違点を述べることによって、読み手にある事柄を理解してもらう場合にも使われる。また、セールスで他社の製品とくらべて自社の製品がいかに優位であるかを説明するときに使うと効果があがる。

このパターンでは、パラグラフの最初に結論を述べ、次に比較や対照をする項目を、重要なものから順に述べてい

くことになる。

　このパターンのポイントを要約すると、次のようになる。

① 結論を述べ、比較する項目（または対照する項目、あるいは両方行なう項目）を紹介する。
② 比較か対照のどちらかでは、項目を重要なものから順に、一つずつ述べる。比較と対照を類似点に重点を置いているときは、類似に関する項目から順に、一つずつ述べ、次に、相違点に関しても同様に行ない、比較か対照をさせる。相違点に重点を置く場合は、逆に、相違点→類似点の順に述べていく。
③ 結論を再び述べる。

実例をあげよう。

〈例〉今回のファクシミリ増設では、B機よりA機を推奨する。A機は、送信速度、受信速度、操作の簡便性の諸点でB機よりすぐれている。ファクシミリ通信の増大化に対応できるとともに、作業時間の短縮化をはかれる効果も期待できる。

　この例も最初の文で結論を述べ、第2文で推奨する点を説明している。簡単な例で、この例では、結論は書かれて

いない。この例では、第1文で結論を述べているので、このように簡単な文書では結論を再度書かない例が多い。

　このパターンで文書を構成していく際、注意したいのは、類似点と相違点のどちらに重点を置くかということである。また、どちらについても述べるということもあろう。それによって、書き方も違ってくるのである。

　以上、文章を展開するときの8つのパターンを紹介したが、実際に文章を書く際には、これらの中から、書く内容・目的に合わせて適切なものを選んでいくことになる。一つのパラグラフは、一つのパターンで展開するのが普通だが、一つの文書は、いくつかのパターンの組み合わせになることがある。つまり、パラグラフによりパターンが異なるのである。

　実用文（ビジネス文・論文・レポート）は、書き終わったら必ずチェックしなければならない。そのポイントは、目次にしたがってもいいが、最後に簡潔なチェックポイントを次に要約する。

実用文のチェックポイント 10
- 目的を明確に書いているか
- 順序は正しいか
- 一語一語を守っているか
- 一文一概念を守っているか
- 一段落一話題を守っているか
- 一書類一目的を守っているか
- 序文、本文、結論の内容の流れはいいか
- 日時・金額・数量に間違いはないか
- 固有名詞に間違いはないか
- 受信者への敬意を忘れていないか

ビジネス文・論文・レポートの文章術
― 明確な文章の書き方　基本ルール ―

2019 年 4 月 25 日	1 刷

著者　　　篠田　義明
発行者 ── 南雲　一範
発行所 ── 株式会社　南雲堂
東京都新宿区山吹町 361（〒 162-0801）
電話　　　03-3268-2311（営業部）
　　　　　03-3268-2387（編集部）
FAX　　　03-3260-5425（営業部）
口座振替 : 00160-0-46863
E-mail　nanundo@post.email.ne.jp
URL　　http://www.nanun-do.co.jp
装丁　　銀月堂
印刷所／恵友印刷株式会社　製本所／松村製本所　DTP／Office haru

Printed in Japan ＜検印省略＞
ISBN978-4-523-26586-3　C0081　　〈 1-586 〉

乱丁・落丁本はご面倒ですが小社通販係宛ご返送ください。送料小社負担にてお取り替えいたします。

ICT 時代の英語コミュニケーション：
基本ルール

Effective Communication in the ICT Age

篠田 義明 著

早稲田大学名誉教授
日本実用英語学会会長
日本テクニカル・コミュニケーション学会会長

A5 判・186 ページ・本体 2,000 円＋税

官公庁や 100 社以上の企業で英語の実務文書作成を指導した著者が贈る、現代のビジネス英語に必須の英文メールや手紙を書く際に必要とされる最低限のルールをわかりやすく解説した現代ビジネスマン必携の書。

内　容

1. 単語の正攻法
2. 必須の論理構成
3. 必須英文法編
4. 守るべき句読法

〒162-0801
東京都新宿区山吹町 361

TEL　03-3268-2384
FAX　03-3260-5425

南雲堂

科学技術英文の論理構成とまとめ方

Writing Systematic Technical and Scientific Reports

共著 篠田義明 早稲田大学名誉教授
J.C. マフィズ ミシガン大学名誉教授
D.W. スティーブンソン ミシガン大学名誉教授

A5 判・228 ページ・本体 2,600 円＋税

英語で科学技術文書を作成するのに必要な基本的な様式技法を、豊富な実例を用いて説明した英文作成マニュアル。

目 次

- 1章
  文の効果的な作り方
- 2章
  目的を明示
- 3章
  文章構成の基本
- 4章
  解説文の構成
- 5章
  パラグラフの書き方
- 6章
  TEP Test の問題と解答

日本テクニカルコミュニケーション協会推薦！！

〒162-0801
東京都新宿区山吹町 361

南雲堂

TEL 03-3268-2384
FAX 03-3260-5425

篠田義明先生の本

科学技術英語の入門 〈改訂新版〉
A5判・122ページ・本体 1,800円+税

工業英語として身近な話題、基礎的例文を左頁に掲げ、誤りやすい文法事項を図解式に解説し、技術英作文問題を各3題つけた。全30課。特に工専、理工系向き。

科学技術英語の基礎 〈改訂新版〉
A5判・90ページ・本体 1,800円+税

理科系の学生に technical な話題を通じて英語の基礎を修得させる目的で編集。30の独立したモデル文に、注釈・文法解説・作文問題をつける。巻末の3種類の索引は便利。

科学技術英語の構文 〈改訂新版〉
A5判・88ページ・本体 1,600円+税

理科系の学生が、科学随筆、研究論文、実験レポートなどを英語で正しく読み書きする手助けとなるよう編集。『科学技術の基礎』とほぼ形式を同じくし、難易度がやや高いモデル文が収録されている。

科学技術英語の正しい訳し方
A5判・227ページ・本体 2,600円+税

科学技術英語を必要とする現場のビジネスマンや学生に必携の書。科学分野に頻出する構文や英訳・翻訳する際に特に注意する必要がある文法事項が詳しく解説されている。

科学技術英文の書き方セミナー
A5判・214ページ・本体 2,600円+税

いろいろな科学工業文を、正確・明快かつ無駄のない英語で表現する基本的方法とアプローチの仕方を詳述したものである。英作文が苦手な人にお勧めしたい。

テクニカル・イングリッシュ──論理と展開──
A5判・182ページ・本体 2,500円+税

第1章では工業英語の学習法と専門用語の扱い方を述べ、第2章では修辞面を具体例をあげて説明、第3章では効果的な表現とはどんなものか、悪い例と良い例の英文を示し理由を説明。

〒162-0801
東京都新宿区山吹町361

南雲堂

TEL 03-3268-2384
FAX 03-3260-5425